Mémoire

sur les quatre départements réunis de la rive gauche du Rhin

par J. - J. Eichhoff, Maire de Bonn
Paris 1802

herausgegeben von Norbert Flörken
Bonn 2023

Rechtschreibung und Zeichensetzung der Vorlage sind beibehalten worden (z. B. -oi- stat -ai-, oder -mens statt -ments) ; gegebenenfalls sind Namen in der modernen Schreibweise hinzugefügt worden. Die Punkte hinter den einfachen Zahlen, z. B. den Jahreszahlen, sind weggelassen worden. Die Texte der historischen Vorlagen stehen in dieser Serifenschrift, Zusätze und Ergänzungen des Bearbeiters oder der Moderne in dieser serifenlosen Schrift oder in [ ]. Die Klammern der Vorlage ( ) sind durch { } oder – – ersetzt worden. Streichungen des Herausgebers stehen in ( ). Die Anmerkungen des Verfassers stehen in « ».

Beim Seitenwechsel wurde die anfallende Trennung aufgehoben. Die häufigen Sperrungen bei Eigennamen oder Ortsnamen wurden nicht übernommen. Die Angaben zu Personen, Orten oder Sachen sind dem Portal Wikipedia entnommen. Die Karte auf dem Vorblatt ist entnommen aus Wikipedia CC BY-SA 3.0.

Impressum

Bibliographische Information der Deutschen Nationalbibliothek: Die Deutsche Nationalbibliothek verzeichnet diese Publikation in der Deutschen Nationalbibliographie, detaillierte bibliographische Daten sind im Internet über http://dnb.dnb.de abrufbar.
© 2022 Norbert Flörken
Herstellung und Verlag:
BoD – Books on Demand, Norderstedt
ISBN 9783756277094

MÉMOIRE sur les quatre départements réunis de la rive gauche du Rhin, sur le commerce et les douanes de ce fleuve;

contenant 1.º un précis de l'état actuel des quatre nouveaux département de la rive gauche;

2.º Un exposé des moyens d'empêcher que le commerce ne continue de se porter sur la rive droite;

3.º L'aperçu des communications à établir pour le transport des productions de ces départemens;

4.º L'analyse du commerce qui se fait sur tout le cours du Rhin;

5.º Les motifs d'apporter des modifications dans le régime fiscal et la police de la navigation du fleuve;

6.º L'utilité d'une commission de négocians intéressés au commerce du Rhin, et chargée de préparer à l'avance les bases des stipulations commerciales pour le traité de commerce à intervenir entre la France et les états d'Allemagne.

Par J[ean]-J[oseph] Eichhoff, Maire de la ville Bonn, et membre du conseil général du département de Rhin et Moselle.

A Paris, de l'Imprimerie de Testu, Rue Haute-Feuille, N.º 14 | An X. [1]

<1>

Inhalt

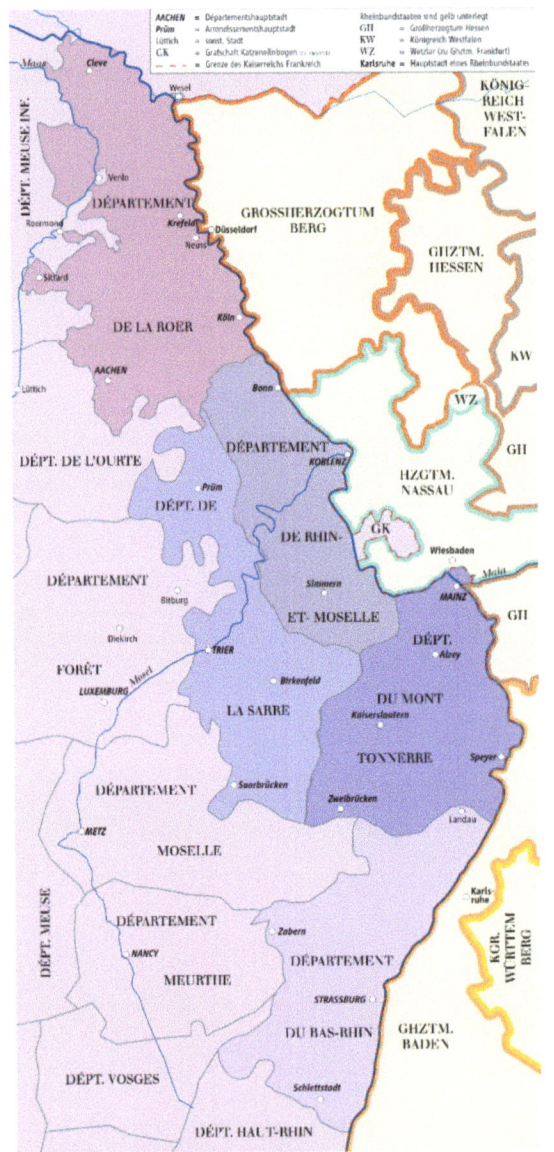

Figure 1: Karte der vier Departements

Préface.

Le Mémoire que je donne au public, n'était d'abord qu'un précis très-succinct que je destinais au Ministre de l'intérieur; je lui en fis part lors de la première audience qu'il me donna comme député de la ville de Bonn; il le reçut avec bonté et cet empressement qu'on lui connaît pour tout cequi à trait à l'intérêt public.

Quelques circonstances, les encouragemens et l'aide que je reçus de plusieurs personnes instruites et respectables, m'ont déterminé, à donner mon travail plus d'étendue, et un plus grand développement à la matière qui en fait l'objet.

Je le livre à l'impression dans l'espérance qu'il sera de quelque utilité aux personnes qui s'occupent d'économie publique, et des intérêts du commerce national.

Mon but a été, il est encore, d'attirer l'attention du Gouvernement sur les nouveaux pays de la rive gauche du Rhin, sur le commerce et la navigation de ce fleuve et particulièrement sur les réglemens des douanes, qui, dans l'état où ils sont aujourd'hui, ne peuvent plus s'accorder avec les nouvelles limites de la France de ce côté de son territoire.

Laisser plus longtemps les habitans des nouveaux <2> département réunis dans l'oubli, je dirai presque dans l'abandon; ne pas s'occuper de leurs besoins, de celui de leur commerce languissant, et ruiné pour ainsi dire; c'est les exposer à douter que le Gouvernement ait à cœur leur bonheur et leur prospérité; c'est ne leur faire connaître la République, que par les charges et les devoirs multipliés qu'elle exige d'eux.

J'étais plein de ces idées et de ces sentimens, lorsque je fus, en vendémiaire dernier, député à Paris par le département de Rhin et Moselle, pour la cérémonie qui se fit alors; j'eus lieu de remarquer l'erreur de mes concitoyens, et le désir bien prononcé du Gouvernement de s'occuper de leur position, et de rendre leur état aussi heureux, aussi prospère qu'il était ayant la guerre. J'entendis le premier Consul dire positivement : « que le bonheur des quatre nouveaux département formait l'objet de sa sollicitude, et que le Gouvernement prendrait, après la paix, toutes les, mesures pour rendre l'activité et l'aisance à ces contrées. »

Dès-lors, je pensai que si le Gouvernement tardait encore, c'était peut-être faute d'être suffisamment éclairé sur lès besoins des départemens réunis; je remarquai en même-tems que l'objet dont on se plaignait le plus, était la destruction du commerce extérieur, et de l'activité d'industrie qui en est ordinairement la conséquence et l'origine en même-tems. Je m'occupai donc de rechercher quelle pouvait être la cause de cet affaiblissement excessif du commerce, et la voix <3> publique aussi bien que mes observations particulières me la firent trouver principalement dans les réglemens des douanes transportées en l'an VI, des limites de l'ancien territoire sur les bords du fleuve, sans aucune des modifications et des précautions qu'exigeait un aussi brusque changement.

J'étais instruit en même-tems que plusieurs villes intéressées au commerce, et particulièrement les conseils généraux des départemens réunis, avaient porté des plaintes contre le régime actuel des douanes sur le Rhin, et demandé des réformes désirées en cette partie; mais que les faits sur lesquels on s'appuyait n'étant point assez éclaircis, les demandes étant trop partielles et les détails trop peu étendus, le Gouvernement n'avait pu prendre aucun parti sur une réforme dont lui-même sentait l'importance et l'utilité pour notre commerce avec l'Allemagne.

Il fallait aussi qu'une paix formelle déterminât définitivement les limites du territoire Français de ce côté de nos frontières, puisque les modifications à opérer dans les douanes, devaient naturellement y résulter des rapports et des facilités de

commerce qu'amènerait cette fixation. Cette condition était telle-
ment nécessaire que sans elle, toute tentative, toute démarche,
devenait inutile pour le but qu'on se proposait.

Mais dès le moment que le traité de Lunéville fut signé, je
crus l'instant arrivé de soumettre au Gouvernement une seconde
fois les besoins des nouveaux départemens; <4> et la bonté avec
laquelle il a reçu cette demande, est une garantie positive du succès qu'on doit en attendre.

Appuyé des suffrages de mes concitoyens, et en ma qualité de député le la ville et de l'école centrale de Bonn comme
citoyen et comme fonctionnaire public, propriétaire et ancien né-
gociant, j'ai dû dire jusqu'à quel point la mauvaise opération du
directoire de l'an VI, dans le transport des douanes sur les bords
de la rive gauche du Rhin, à nui au commerce qui se faisait sur
ce fleuve dans ces riches contrées; j'ai recueilli les faits et présenté
les preuves des fâcheux résultats qui se font sentir aujourd'hui
par suite de ce changement.

Dans l'intention où j'étais de répondre à la confiance de
mes commettans, et de faire cesser ce mal, j'ai dû m'adresser à
celui de tous les membre du Conseil d'État qui devait en être le
plus particulièrement instruit, et qui lui-même désire depuis
longtems avoir une occasion d'y remédier. Je vis donc M. Shée,
ancien commissaire général du Gouvernement, aujourd'hui con-
seiller d'État de la section de l'intérieur.

J'obtins de lui les lumières et l'appui dont j'avais besoin;
attaché par inclination aux départemens réunis, qu'il a si sagement administrés, il accueillit avec empressement tout ce que je
lui dis de leur état actuel, et de la nécessité d'y soutenir le commerce, et d'empêcher qu'il ne se porte sur la rive droite du Rhin.

Cet objet l'avait occupé lui-même; il avait également
conçu l'idée de lier le commerce de ces départemens à <5> celui
de l'intérieur, par des communications aisées à exécuter, et dont

une, la *Fosse Eugénienne*, n'a besoin que de peu de tems et de travaux pour être terminée.

Enfin, liant ces élémens de prospérité pour les départemens réunis aux intérêts du commerce général de la France, il m'expliqua les motifs qui le portaient à regarder comme une chose très-utile, que le gouvernement formât une sorte de commission d'hommes instruits, chargés de recueillir tous les renseignemens positifs sur les gênes et les obstacles que les réglemens des douanes, et la manière dont les limites du fleuve sont déterminées, apportent à la navigation et au commerce qui s'y font.

Cette mesure lui semblait propre aussi à préparer les bases du tarif des droits sur ce fleuve, et celles du travail relatif aux stipulations commerciales à insérer dans le traité de commerce qui doit intervenir entre la France et l'Allemagne, en conséquence de celui de Lunéville[2].

Je trouvai auprès du ministre de l'intérieur, de qui <6> M. Shée me fit obtenir une audience, un accueil également flatteur, et qui me donna les plus justes espérances de voir l'objet de mon voyage rempli.

Il écouta avec attention tout ce que je lui dis sur l'état des départemens réunis, sur les inconvéniens de la mauvaise police des douanes, sur la nécessité de ménager et d'ouvrir des communications entre l'intérieur de la république et les quatre départemens réunis, aujourd'hui que les relations commerciales qu'ils

---

[2] «Art. XV du Traité de Campo-Formio : 'Il sera conclu incessamment un traité de commerce établi sur des bases équitables, et telles qu'elles' assurent à sa majesté l'Empereur, roi de Bohême et de Hongrie, et a la République française, des avantages égaux a ceux dont jouissent dans les états respectifs les nations les plus favorisées.' – Art. XV du traité de Lunéville: 'Les articles XII, XIII, XV du traité de Campo-Formio sont particulièrement rappelés pour être exécutés suivant leur forme et teneur, comme s'ils étaient insérés mot pour mot dans le présent traité.' »

avaient en Allemagne ont changé de nature et sont soumises à de nouvelles lois.

Il m'engagea à lui fournir des notes sur tous ces objets importuns, m'assurant que ces intéressantes contrées étaient chères au gouvernement, et qu'il mettrait au rang de ses premiers travaux, de s'occuper de leurs besoins et des moyens d'y rappeler la prospérité dont elles jouissaient avant la guerre.

Ces premiers succès m'encouragèrent, et je vis bien que le gouvernement n'avait besoin que d'être averti pour faire le bien, et qu'il était extrêmement jaloux de répondre à la confiance et à la fidélité des nombreux et utiles citoyens de cette partie de la France.

Je mis donc la main à la plume pour recueillir les faits et les renseignemens que le ministre m'avait demandés, et pour les présenter de manière à en faire ressortir les conséquences qu'il était important d'en tirer. <7> Mais quelle que fut pour moi l'habitude des matières que j'avais a traiter, il me devenait difficile de le faire seul. J'avais besoin d'un homme qui, aux connaissances de diplomatie commerciale, joignît des connaissances en économie politique, et voulût bien revoir mes notes, en former un travail régulier, et châtier les incorrections qui devaient nécessairement m'échapper dans une langue qui m'est étrangère.

Je fis donc la connaissance de M. Peuchet, homme-de-lettres distingué et connu par des ouvrages utiles sur l'économie politique, particulièrement par son *dictionnaire universel de la géographie commerçante.*

C'est à lui que je dois non-seulement la correction des fautes de style qui ont dû nécessairement m'échapper, mais encore plusieurs considérations importantes, des connaissances et des idées lumineuses sur les objets que j'avais à traiter; et je me fais un devoir et un plaisir de lui en témoigner ici ma reconnaissance.

Au reste, le travail que je livre s l'impression ne doit point empêcher mes concitoyens des départemens réunis de recueillir les faits, les observations et tous les documens qui peuvent concourir au même but; ils formeront un supplément de renseignemens pour ceux que le gouvernement croira devoir charger de l'importante mission de régler les intérêts du commerce et de la navigation sur le Rhin.

Je finirai par prévenir encore les départemens réunis <8> qu'au moment où cet écrit leur parvient, le Gouvernement s'occupe sérieusement des objets qui les intéressent, et qu'ils recevront très prochainement des preuves de sa constante sollicitude pour eux, et de sa volonté invariable de leur rendre leur commerce et leur prospérité, par tous les moyens qui sont en son pouvoir.

Paris, ce 28 fructidor an 9. [=15.09.1801]

Eichhoff.

<9>

Mémoire, sur les quatre départements réunis de la rive gauche du Rhin, sur le commerce et les douanes de ce fleuve.

Les considérations que je soumets à l'attention publique et à la sagesse du Gouvernement, sont de la plus haute importance; elles ont pour objet l'intérêt d'une partie considérable de la France, et celui d'une des plus intéressantes et des plus riches branches du commerce national.

Je proposerai des mesures fondées sur la connoissance des faits, pour empêcher que les gênes fiscales et le mauvais régime établi par le directoire, dans la police du commerce et de la navigation du Rhin, ne privent complettement les quatre départemens réunis, des profits et des avantages qui résultaient pour eux de ces deux sources de prospérité publique.

J'exposerai les connaissances qui peuvent mettre le lecteur à même de juger jusqu'à quel point les moyens d'exécution que j'indique, sont faciles et convenables à l'objet que l'on se propose.

Je tâcherai d'apporter dans cette matière l'ordre et la précision nécessaires pour en saisir les diverses parties, et en faire ressortir l'importance.

L'intérêt du sujet en recommande suffisamment l'examen, et c'est de l'exactitude et de la clarté seules que l'on peut exiger d'un travail fait aussi rapidement que celui-ci. <10> Je le diviserai en cinq parties principales qui présenteront:

1.° L'état statistique des quatre nouveaux départemens réunis, et les ressources qu'ils offrent au commerce et à l'industrie de la France par leur population, leurs productions, leur situation.

2.º Les gênes que la régie et la police des douanes actuelles dans ces départemens opposent à la navigation, ce qui force le commerce à passer successivement sur la rive droite.

3.º Une notice des communications que l'intérêt du commerce national exigerait que l'on établit entre l'intérieur et les départemens réunis.

4.º L'analyse du commerce qui se fait sur le Rhin, et l'aperçu des changemens à faire dans la police de la navigation du fleuve.

5.º La nécessité d'une commission composée de négocions intéressés à cette navigation, et chargée de préparer les bases du tarif des douanes sur cé fleuve, et des stipulations du commerce pour le traité à intervenir entre la France et l'Allemagne.

§ I. Apperçu statistique des quatre départemens réunis de la rive gauche du Rhin.

Ces quatre départemens forment une des plus considérables et des plus intéressantes acquisitions de la France, tant par leurs riches productions, que par leur population et leur situation avantageuse pour la défense nationale, et le commerce avec les états du nord de l'Allemagne.

N.º 1. Étendue territoriale des départemens réunis de la rive gauche du Rhin.

Si nous nous en rapportons au travail assez satisfaisant qu'a présenté le citoyen Roberjeot[3], à la Convention nationale en l'an III, les pays compris entre la Meuse, la Moselle et le Rhin, forment une étendue de 1330 lieues carrées, d'un des meilleurs et des plus fertiles sols que l'on connaisse. <11> On sait que ce territoire était, avant la conquête que la France en a faite, partagé en plusieurs états ou principautés souveraines.

On y trouve une partie du duché de Clèves et de ce qu'on appelait *généralité* de la république de Hollande, la province de Gueldre, la principauté de Meurs le pays de Juliers, l'électorat de Cologne, le duché de Limbourg, le marquisat de Franchimont, la principauté de Stavelot, le duché de Luxembourg, la presque totalité de l'électorat de Trèves, Binghen, la ville de Mayence, et une petite portion de cet électorat, une partie des évêchés de Worms, de Spire, la plus grande partie du Palatinat, le duché des Deux-ponts et des comtés peu considérables.

Quoiqu'aujourd'hui ces divers états se trouvent incorporés, et pour ainsi dire fondus en totalité ou en partie dans les quatre département réunis, nous croyons devoir en donner une notice particulière; elle fera mieux connaître l'importance de cette conquête: nous reviendrons ensuite à la division départementale.

Le duché de Clèves appartenait au roi de Prusse; c'est un pays fertile en grain: le commerce, l'industrie ont principalement pour objets les toiles et les cuirs.

La partie de ce pays, située sur la rive gauche, et par conséquent appartenant à la France, et la principauté de Meurs

---

[3] Claude Roberjot (* 1752 in Mâcon † 1799), Mitglied des Konvents, französischer Bevollmächtigter bei den Friedensverhandlungen in Rastatt, ermordet am 28. April 1799 von österreichischen Truppen in der Nähe von Rastatt.

donnent, suivant le citoyen Roberjeot, une étendue territoriale de trente-six lieues carrées, et une population de soixante mille ames.

La Gueldre était possédée ou plutôt partagée entre la Hollande, l'Autriche et la Prusse. Ce pays est généralement fertile en productions de première nécessité; le commerce et l'industrie ont comme dans le duché de Clèves, pour objets, principalement les toiles de lin, les cuirs: il offre une étendue d'environ trente-six lieues carrées, et une population de soixante-dix mille individus. <12> Le pays de Juliers, qui appartenait à l'électeur Palatin est beaucoup plus important; c'est un des plus fertiles en toutes sortes de productions utiles, et abondant en mines de fer, de charbon de terre.

On y fabrique des toiles, des draps, des laitons, des ouvrages en fer, des aiguilles, des dez à coudre.

Il a une étendue de cent trente lieues carrées, et deux cent quatre-vingt mille habitans.

L'électorat de Cologne, dont le titulaire était un prince de la maison d'Autriche, qui vient de mourir, est une langue de terre qui longe lé Rhin. C'est un pays riche et fertile. Son industrie s'exerce principalement dans la fabrique des toiles; mais une des sources principales de sa richesse et de sa prospérité étaient les bénéfices considérables qu'il retirait du commerce et de la navigation du Rhin; avantages qu'une imprudente opération du directoire français de l'an VI lui a presqu'entièrement fait perdre, et qu'il est urgent et facile de lui faire retrouver, comme nous l'expliquerons lorsque nous nous occuperons de cette importante et principale partie de notre mémoire.

L'électorat de Cologne a une étendue de cinquante-sept lieues carrées, et comprend cent soixante mille individus.

Le duché de Limbourg était une propriété de l'empereur. C'est un pays riche en fourrage, en bestiaux, et meme en grains, quoique moins abondamment que les états précédons. Il y a des mines de houille ou charbon de terre, et l'on y fabrique des draps qui jouissent d'une grande réputation, et forment l'objet d'un bon commerce. Il a cinquante-quatre lieues carrées, et quatre-vingt mille habitans.

Le marquisat de Franchimont et la principauté de Stavelot appartenaient, la première au prince évêque de Liège; la seconde à l'abbé de Stavelot, qui était prince d'empire. Cette partie de l'ancien territoire de Liège, située sur la rive droite de la Meuse, est un pays fertile en productions territoriales, <13> abondant en mines dé houille et où l'industrie a pour objet le travail du fer, celui des draps et des cuirs.

Elle à soixante-dix lieues carrées d'étendue, et quatre-vingt dix mille habitans.

Le duché de Luxembourg appartenait à la maison d'Autriche; quoique peu fertile, on y élève beaucoup de troupeaux dont la laine forme un bon objet de commerce; ses bois le rendent précieux sous un autre rapport. Son étendue est de trois cent soixante lieues carrées, et trois cent cinquante mille habitans.

L'électorat de Trêves était possédé par l'électeur archevêque de ce nom. Ce pays riche en vin, en forges, en ardoises, marbre et peu de grains, à cent soixante lieues carrées, et cent trente mille individus.

Le Palatinat et les portions des évêchés de Worms, Spire, le duché des Deux-Ponts, Binghen, Mayence, et la portion de cet électorat, avec quelques parties de pays voisins, forment une étendue de quatre cents lieues carrées, et une population de cinq cent soixante mille individus.

Ce pays est de la plus grande fertilité; il y a des mines de fer de très-bonne qualité; on y exploite quelques mines de mercure, qui sont abondantes.

Enfin le territoire de Nimègue et la portion du comté de Namur qui est à la droite de la Meuse, ont vingt-sept lieues carrées, et vingt-sept mille habitans.

Tel est l'aperçu territorial de pays, qui, à l'exception du duché de Limbourg, de la principauté de Stavelot, et d'une portion du Luxembourg, forment aujourd'hui les quatre départemens réunis de la rive gauche du Rhin.

Ils sont peuplés par des hommes laborieux, fidèles, occupés de tous les genres d'industrie que comportent les productions, les consommations et les débouchés qui les entourent. Le commerce qu'ils faisaient, tant avec l'Allemagne que les Pays-Bas, <14> était considérable, sûr, et établi sur un sol fertile en toutes sortes de matières premières, et d'objets de consommation; nous verrons comment on peut le leur rendre, l'accroître même par quelques communications faciles à établir, et avant tout par la suppression des gênes fiscales imprudemment établies sur les bords du Rhin, par le directoire; mais avant nous donnerons une notice de la division territoriale des pays que nous venons de parcourir, en quatre départemens.

N.º 2 Division et circonscription des quatre nouveaux départemens réunis.

Il n'est point de notre objet de faire remarquer ce que peut avoir de défectueux la circonscription actuelle des départemens réunis de la rive gauche du Rhin, ni d'indiquer une autre division du territoire; nous devons nous borner à en faire connaître l'état actuel, et à en tracer l'aperçu topographique, en attendant le travail que le Gouvernement à ordonné sur cette matière, conformément à la loi du 18 ventôse an 8.

Les pays compris entre la Meuse, la Moselle et le Rhin forment quatre départemens; celui de la Roër, celui de la Sarre, celui de Rhin-et-Moselle, celui du Mont-Tonnerre. Commençons par le plus septentrional.

Nous ne déterminerons point l'étendue territoriale de chacun d'eux. Il faut attendre, pour en avoir une connaissance exacte, que la grande carte des départemens réunis, et le travail dont nous venons de parler, soient terminés.

1. Le département de la Roër est divisé en quatre arrondissemens, savoir Aix-la-Chapelle, Cologne, Crevelt, Clèves, et en quarante-deux cantons. Sa population est portée par quelques personnes, a 587,348 individus; mais d'après une estimation mieux faite, le citoyen Shée l'apprécie à 670,000 habitans. <15>

2. Le département de Rhin-et-Moselle est divisé en trois arrondissemens, savoir Coblentz, Bonn, Simmeren, et en trente-un cantons. Sa population, suivant les tables du bureau du cadastre, s'élève à 260,000 individus; estimation qui se rapporte à celle qu'en donne M. Shée, d'après les connaissances qu'il a pu prendre sur les lieux.

3. Le département de la Sarre est divisé en quatre arrondissemens, Trêves, Saarbruck, Birkenfeld, Prume, et en trente-quatre cantons. Sa population, suivant les tables du bureau du cadastre est de 300,000 habitans, et suivant M. Shée, de 280,000.

4. Le département du Mont-Tonnerre est divisé en quatre arrondissemens, Mayence, Spire, Kaiserlautern, et deux Ponts, et en trente-six cantons. La population d'après les tables du bureau du cadastre, est de 400,000 habitues; de plus exactes observations ont engagé M. Shée a ne la porter qu'à 390,000.

Ainsi, les quatre départemens réunis de la rive gauche du Rhin, forment d'après M. Shée, une population de 1,600,000 habitons.

N.° 3 *Rapport de la population au territoire dans ces quatre départemens.*

Nous avons vu plus haut que l'étendue territoriale des pays entre la Meuse, la Moselle et le Rhin, acquis par la France, était estimée par le citoyen Roberjeot, de 1,330 lieues carrées.

Mais quelques-uns des pays enclavés dans cette étendue, forment aujourd'hui partie de celui de l'Ourthe; tels que le duché de Limbourg, le marquisat de Franchimont, et la principauté de Stavelot, une portion du duché de Luxembourg, lesquels forment ensemble une étendue de 180 lieues carrées, qu'il faut soustraire dé 1,330 lieues reste 1,150 lieues carrées, <16> or, 1,600,000, montant de la population des quatre départemens, divisés par 1,150, donnent 1,304 ⅓.[4]

Ainsi, la lieue carrée moyenne des départemens réunis offre 1,304 individus ⅓ par lieue carrée, population comparable à celle des meilleures et plus fertiles contrées de l'Europe.

Ce n'est pas au reste par leur population seulement que les départemens réunis sont intéressans, c'est encore par les ressources, que leur culture, leurs productions, leurs bois, qui se montent a plus d'un million d'arpens, et l'industrie des habitans, offrent au commerce, tant de consommation au-dedans, que d'exportation au-dehors. C'est ce que nous nous proposons d'expliquer dans le paragraphe suivant.

---

[4] Die Berechnung ergibt allerdings nicht 1.304,33, sondern 1.391,3.

§ II. Des productions, de l'industrie, du commerce, des quatre départemens de la rive gauche du Rhin.

1.° Le département de la Roer, comme nous l'avons déjà remarqué, est fertile en grains d'une bonne qualité; on estime que l'on en recueille à-peu-près deux tiers au-delà de ce qu'il en faut pour la consommation des habitans.

Aussi, les Hollandais ont-ils toujours été dans l'habitude d'en tirer des quantités considérables; on en fait également passer dans le pays de Clèves, dans le duché de Berg, dans le comté de la Marck, sur la rive droite du Rhin.

Outre ces quantités que l'on transporte au-dehors, il s'on consomme beaucoup pour la fabrication de l'eau-de-vie.

Cette fertilité en grains du département de la Roer, est commune à presque tout le pays de la rive gauche; elle est telle que les armées de Sambre et Meuse, et de Rhin et Moselle furent exactement approvisionnées pendant que la guerre dura sur le Bas-Rhin, sans que l'abondance en denrées cessât d'y régner.

Cette remarque avait été faite avant nous par le représentant du peuple Roberjeot, qui la consigna dans le rapport instructif <17> qu'il fit en l'an III à la Convention; elle prouve jusqu'à quel point l'administration doit être réservée dans la défense d'exporter les grains de ces département, puis qu'ils font une partie principale de leur richesse, et la plus considérable branche de leur commerce. Mais l'importance de cette matière, exigeant de plus grands développemens, nous y reviendrons dans un paragraphe particulier.

Le département de la Roër est encore riche en lin, dont on fait de très-belles toiles, en pâturages, en mines de houille; son industrie est considérable, et occupe une population nombreuse.

Aix-la-Chapelle, chef-lieu du département, ville de 26,000 âmes, est distinguée dans le commerce par ses manufactures de draps, dits *Serrails* et *Londrins*. Ils rivalisent pour la qualité avec ceux que les anglais fabriquent pour le Levant, et il s'y on exporte en tems de paix de fortes parties. On y fait aussi des draps communs et façon de Louviers, destinés pour l'Allemagne, la Pologne, le Danemarck.

On trouve aussi à Aix-la-Chapelle et à Borcette, des fabriques d'aiguilles, qui ont la bonté et le poli de celles d'Angleterre. Une grande quantité de moulins sont journellement occupés, à les polir.

On sait qu'à Stolberg on fabrique des draps, mais surtout des fils et plaques de laiton. Duren et les environs offrent des papeteries, des fonderies de fer; à Lennersdorf, il y a même une fonderie de canons; Crevelt est connue par ses fabriques de soieries, de rubans de velours, de toiles, de siamoises, de basins dont une grande partie se débite en France.

Les fabriques de la famille de *Van-der-Leyen*, seule, y procurent du travail a une multitude d'ouvriers; on y a construit des machines d'après des modèles anglais; elles sont fort ingénieuses, et très-propres à perfectionner les ouvrages, sans en augmenter le prix.

Dans les communes de Viersen, d'Ahlen, Bracht, Dulken, <18> et Neersen, on fabrique aussi des rubans de velours, mais particulièrement des toiles parmi lesquelles ils y en a de si fines, que l'on paye à une fileuse jusqu'à 40 francs pour une livre de fil. On connaît la réputation des linges ouvrés et damassés de Gladbach. La commune d'Odenkirchen l'est par ses fabriques de siamoises et celles de soieries, créées il y a une vingtaine d'années par la famille *Bouget* ; ces établissement occupent une grande quantité d'ouvriers.

Le pays de Clèves souffre beaucoup de l'interruption du commercé des grains, le principal et presque le seul qui ait lieu.

Gueldre, située sur la *fossé Eugénienne,* ce canal qui réunit la Meuse au Rhin, et dont nous parlerons plus bas, est heureusement placée pour le commerce; on y fait, ainsi que dans les environs, des draps communs, des toiles, des cuirs, dont il se fait un bon commerce avec l'étranger.

Enfin, Cologne parfaitement située pour faire un grand commerce, et que la rive droite lui enlèvera, si l'on ne s'y oppose de bonne heure par des moyens convenables, est une ville importante sous tous les rapports, pour l'intérêt des départemens réunis, et de la France en général.

Sa situation sur la rive gauche, en fait une place d'entrepôt, et un lieu d'arrivée pour les bateaux qui montent et descendent le fleuve; le mouvement, la vie, les bénéfices que ce genre do commerce offre à Cologne, en avaient fait une ville très-riche en capitaux, et jouissant d'un grand crédit. Il dépend du gouvernement de lui rendre ces avantages, et d'en faire une sorte de lieu d'étape naturel pour les bateliers et les commissionnaires du Rhin.

Outre le commerce d'entrepôt que la position de Cologne lui attire, il en fait un particulier des vins du Rhin, de la Moselle; de dentelles fabriquées dans ses murs, de tabacs, de rubans, et même de cette liqueur spiritueuse, appelée *Eau de Cologne,* <19> dont l'emploi est à juste titre accrédité en Europe par une multitude d'usages.

2.º Le département du Rhin et Moselle ne produit pas autant de grains que celui de la Roer, parce qu'il y a plus de montagnes et de forêts; cependant il est universellement connu qu'outre la consommation des habitans, il offre encore un superflu considérable pour l'exportation.

On y trouve des bois de construction, des mines considérables de houille, de la terre à pipe, des carrières de marbre, des meules à moulins, des salines, des pierres à bâtir et de tuffe.

Cette pierre dé tuffe qui paraît être le produit de Volcans, éteints depuis longtems, semble appartenir au départemênt de Rhin et Moselle, au moins est-ce particulièrement dans les montagnes entre Bonn et Coblentz, surtout à Bourgbract[?], qu'il s'en trouve de grandes quantités; son importance exige que nous disions quelque chose de positif sur l'utilité qu'on en retiré.

Cette pierre est un objet de commerce assez considérable avec les Hollandais; la facilité de la transporter par le Rhin en a étendu l'usage dans les Provinces Unies; elle y est indispensable pour les travaux des digues, et bâtisses sous l'eau, si communes dans ce pays.

Le ciment fait de la pierre de tuffe pulvérisée, à cette qualité que tandis que tout autre se dissout facilement dans l'eau, celui ci devient toujours plus ferme et se pétrifie pour ainsi dire par le tems.

La consommation que la Hollande en fait, est de dix à douze mille mesures par an; et outre une somme de plus de trois cents mille francs que nous tirons annuellement de ce pays pour cet objet; l'exploitation, le chargeage du tuffe donnent de l'occupation a un grand nombre d'habitans des montagnes, habitués <20> depuis longtems à ce genre de travail, et n'en connaissant point d'autre[5].

---

[5] Pour former un ciment dé ces pierres de tuffe, il faut les réduire en poudré ; à cet effet les Hollandais firent construire des moulins. Un propriétaire industrieux et possesseur de carrières, le baron de Bourscheid, était le premier qui calculant que le bénéfice de la main-d'œuvre pouvait être gagné dans le pays, fit bâtir un moulin qui réduisait ces pierres en poudre avant de les envoyer en Hollande. Les Hollandais s'en plaignirent à leur Gouvernement, ci celui-ci oubliant que cet article leur était devenu indispensable, commit imprudence de charger d'un gros impôt les pierres dé tuffe moulues, tandis que celles non moulues étaient exemples de cet impôt; les électeurs de Cologne, Trêves et Palatin, piqués de cette mesure, et pour se venger des Hollandais, convinrent ensemble de mettre un impôt de six écus d'Allemagne sur chaque voiture de pierre de tuffe, formant deux mesures, qui sortirait à l'avenir du pays, non

Ce département produit d'excellens vins blancs de Rhin et Moselle, et de Nahe.

Le vin rouge de l'Ahr, surtout, est très-estimé et mérite de l'être.

Ces vins forment une branche de commerce très-importante; on en transporte annuellement des quantités considérables en Westphalie, en Prusse, en Hollande.

Coblentz, chef-lieu du département, situé au confluent des deux rivières la Moselle et le Rhin, est fait pour devenir une <21> des premières villes de commerce des nouveaux départemens ; articulièrement par les relations commerciales que la Moselle lui procurera avec l'intérieur; mais cet état de prospérité ne peut résulter que de la suppression du droit d'étape à l'égard de la rive gauche du Rhin, établi à Cologne, et surtout des modifications indispensables dans les douanes de cette rive, dont le régime actuel repousse tout le commerce sur la rive droite du fleuve, par les raisons que nous déduirons plus bas.

On trouve dans ce même département les salines de Creutznach; elles sont très-considérables et produisent, année moyenne, jusqu'à 50,000 quintaux de sel; elles appartiennent au Gouvernement qui en retire un revenu de 221,000 francs.

---

moulue; cet impôt fut perçu à Cologne, et son produit partagé en trois portions égales, de manière que chacun desdits électeurs en jouissait d'un tiers. L'électeur Palatin n'étant pas possesseur lui-même des carrières jouissait d'un tiers de cet impôt, en sa qualité de protecteur des pays appartenans ci-devant è la princesse d'Essen [=Hessen]. Cet impôt se perçoit encore, et ce qui est bien étonnant, l'électeur Palatin qui y d'après la paix de Lunéville, a cessé d'avoir aucune souveraineté sur la rive gauche, continue à en jouir pour son tiers, ce qui peut faire un objet de 20 à 24,000 liv[res]; les deux autres tiers sont toujours perçus a Cologne, et versés dans la caisse des ponts et chaussées du département de la Roer, tandis qu'ils devraient l'être dans celle de Rhin et Moselle qui manque de fonds pour des réparations les plus urgentes.

Le canton de Stromberg, offre encore des mines de fer, des usines, forges, carrières de marbre, de pierres à chaux, des tanneries, papeteries.

Bonn, ville de 10,000 âmes, était la résidence de l'électeur; son Université était célèbre; ses professeurs d'humanités, de philosophie, de médecine, jouissaient d'une grande réputation de savoir et de talens; la plupart existent encore, et n'ont point cessé, un moment de mériter la même réputation, la même estime.

Cette ville a plus qu'aucune autre des départemens souffert des suites de la guerre, et du changement de souverain.

Sa situation entre Cologne et Coblentz, et à une distance trop rapprochée de l'une et de l'autre, ne lui permet pas d'être jamais une ville de commerce.

Mais les agrémens de sa position, au milieu des quatre départemens; son superbe château, sa célébrité en Allemagne, comme Université distinguée, les autres avantages qu'elle présente pour l'instruction, tels que son jardin botanique, son théâtre d'anatomie, des revenus considérables provenant des fondations attachées aux anciennes écoles; tout donne lieu de croire que le Gouvernement la choisira pour y établir une <22> école supérieure, et en faire un lieu d'instruction qui y attirera comme ci-devant la jeunesse d'une partie de l'Allemagne.

On peut croire aussi que son superbe château serait utilement employé pour rétablissement d'un tribunal d'appel; ou y trouverait toutes les commodités convenables, sans compter que le siège d'un tribunal semble naturellement à sa place, dans une ville où l'on cultive les lettres, la morale et la jurisprudence; sa position géographique le rend encore favorable à cet établissement.

3.º Le département de Mont-Tonnerre est riche en grains; l'on estime que les deux arrondissemens de Mayence et de Spire présentent, année moyenne, déduction faite de la consommation, un excédent de 240,000 quintaux.

La récolte en grains dans l'arrondissement de Kaiserlautern, égale à-peu-près la consommation; celui des Deux Ponts a
ordinairement un déficit d'à-peu-près 12,000 quintaux; ce déficit
est remplacé dans la consommation par le produit des pommes
de terre et du maïs. Oh y tire aussi une partie des grains des départemens de la Meurthe et de la Moselle, de sorte qu'en définitif
le département du Mont-Tonnerre conserve toujours un excédent de 230,000 quintaux de grains propres à l'exportation.

Cet excédent se vendait avant la guerre aux villes de la
rive droite du Rhin, et attirait sur la rive gauche une somme de
près de deux millions en numéraire par an, en ne portant qu'à
huit francs le quintal, c'est-à-dire environ 20 francs le septier de
Paris.

Ce département possède encore des mines, usines, salines, manufactures, qui toutes languissent par suite de la guerre,
mais plus encore par la mauvaise administration des douanes
sur notre rive du Rhin, qui gênent le commerce et l'exportation
des objets qui en proviennent.

Parmi les mines de ce département, on distingué celle de
<23> vif argent qui est dans le canton d'Obermoshel, et qu'on ap-
pelle *Moschellandsberg*, où depuis trois cents ans on exploite
jusqu'à 15,000 livres pesant de vif argent annuellement; il y en a
une autre plus productive encore, c'est celle de Dreykœnigszug;
elle donnait, avant la guerre, jusqu'à 20,000 livres pesant de vif
argent, et un bénéfice de 43,000 francs.

Les salines qui se trouvent aux environs de Türkheim
donnent jusqu'à 12,000 quintaux de sel par an.

Près de Lauterecken il y a une forte mine de charbon de
terre, qui fournit annuellement jusqu'à 30,000 mesures de charbon.

Mayence, chef-lieu de ce département, est dans la plus
heureuse position pour faire le commerce de l'Allemagne, et y
établir un des premiers entrepôts de la France; mais l'on conçoit

que pour parvenir à ce but, il faudrait que cette ville cessât d'être forteresse, et que les douanes éprouvas sent de grandes modifications.

4.o Le département de la Sarre, quoique moins important que ceux de la Roër et de Rhin et Moselle, par la fertilité du territoire, ne l'est pas moins par ses mines de plomb, ses forges, le charbon de terre qu'on y exploite, et les vins connus sous le nom des vins de Moselle.

Sa population est de 280,000 habitons, la plupart occupés du travail des mines, des fabriques de toiles établies à Trèves et ailleurs, des forges dont le département offre un grand nombre en activité, et des salines.

Le département de la Sarre est encore intéressant par la quantité de bois qu'on y trouve, et qui comme les fers, les vins et le charbon de terre, sont transportés par la Sarre et la Moselle, et forment l'objet d'un commerce important avec la Hollande et la Basse-Allemagne. <24> Ce département est encore riche en bestiaux, surtout en moutons, et l'arrondissement de Prumme fournit d'excellens chevaux. Il y a plusieurs carrières à plâtre et à chaux; cette dernière y est d'une excellente qualité, et il s'en transporte jusques dans le pays de Gueldre.

Observations sur la défense d'exporter les grains des départemens réunis.

On a pu voir par ce, que nous avons dit dans l'aperçu statistique des départemens réunis, que la récolte en grains y est habituellement considérable; cet heureux état tient à ce que de tout tems le commerce s'en est fait librement en-deçà et au-delà du Rhin. Les cultivateurs et les propriétaires encouragés par la vente de cette denrée, se sont adonnés de préférence à sa culture; il en est résulté de grands avantages pour le pays, un fonds de richesses inépuisables et un excédent de productions qui ne peut avoir de prix qu'autant que la liberté de l'exportation permet de lui trouver un débouché dans l'étranger.

Ceux qui connaissent les départemens réunis, savent que la récolte en grains y surpasse habituellement la consommation de deux tiers, c'est-à-dire que l'on n'y consomme qu'à-peu-près un tiers des grains que l'on y recueille, et que le reste a toujours été l'objet d'un commerce très-avantageux.

On voit une preuve de ce fait dans le rapport de Roberjeot; ce représentant dit:

> «on se fera une idée exacte de la fertilité du sol {des départemens réunis}, lorsqu'on saura que les Hollandais tirent de ces contrées une grande quantité de grains, qu'il en reflue communément beaucoup en France, qu'on en exporte aussi pour le duché de Berg, lès comtés de la Marck, de Fim[?], et autres pays de la rive droite du Rhin; la présence des deux armées n'a point <25> arrêté cette exportation; les habitans ont fourni la subsistance des deux armées.
>
> Indépendamment de cette consommation qui a été énorme l'on a employé, comme cela se faisait avant la guerre, lés grains nécessaires à la fabrication de la bière, qui est la boisson en usage parmi les habitans; une grande partie à servi aussi à la fabrication de l'eau-de-vie; dont l'usage est également très-commun dans l'étendue des pays conquis. Il passe pour constant que le pays produit pour deux tiers on sus de sa consommation.

Les grains et le produit des bestiaux forment donc la richesse territoriale des habitans des départemens réunis; le débouché que les premiers ont toujours eu en Hollande et sur la rive droite en encourageant la culture, répandaient un numéraire considérable dans les autres branches d'industrie et dans le commerce. Le transport des douanes au bord du Rhin, en détruisant la liberté de la vente au-dehors, fait un tort infini à ces départemens, et les prive de la branche de commerce la plus riche et la plus avantageuse

Un état peut avoir deux motifs d'empêcher l'exportation des grains; 1. celui de les conserver pour sa propre consommation; 2. celui d'en priver l'ennemi.

On est généralement d'accord, et Roberjeot dont le témoignage n'est pas suspect, en a donné l'assurance à la Convention nationale, qu'il y a un excédent considérable de production sur la consommation dans les quatre nouveaux départemens; il est également avéré que le même effet à lieu dans toute la Belgique réunie à la France; ainsi l'on ne peut plus douter qu'aujourd'hui il n'y ait en France un excédent dé la production sur la consommation, et qu'on peut par conséquent en faire le commerce au-dehors.

Mais supposons avec quelques personnes que cela ne soit pas, que l'ancienne France n'ait qu'un très-faible excédent, <26> atteindra-t-on le but qu'on propose, de prévenir la rareté des grains, par la défense absolue d'exportation ? on peut affirmer le contraire, parce que la mesure, loin de diminuer le mal, ne peut que l'accroître, sur-tout dans des départemens situés comme ceux dont nous parlons.

En effet, pour que le cultivateur puisse subvenir aux frais de culture, et se sente dispose à multiplier ses productions, il doit être certain qu'il pourra vendre aisément, et dans le temps convenable, l'excèdent de sa récolte sur la consommation habituelle du pays, or, interdire la sortie des denrées, c'est lui défendre d'en vendre plus que la population intérieure en pourra consommer ; d'où il résulte qu'il ne produira que cette quantité, et que si l'on éprouve une médiocre récolte, alors il y aura embarras et rareté, ce qui ne serait point arrive, si cultivant dans les vues de vendre d'une manière indefinie le produit de sa récolte, le cultivateur eut pu fournir alors pour le dedans ce qu'il est dans l'usage de vendre au-dehors.

Il n'est donc pas vrai que la prohibition de la sortie des productions du sol, puisse avec certitude en amener l'abondance ; il est au contraire beaucoup plus certain qu'en décourageant la culture et mettant une barrière aux bénéfices des cultivateurs, elle expose à un déficit réel dans les productions des denrées nécessaires à la consommation.

Et quand on soutiendrait que cette conséquence n'est pas rigoureusement vraie pour les provinces, qui, à l'aide de canaux ou de rivières, peuvent facilement transporter leur superflu d'une extrémité de la France à l'autre, le faire refluer dan les contrées moins fertiles, et trouver ainsi un débit sûr et avantageux de la denrée; il n'en est pas moins certain qu'elle est parfaitement exacte pour les départemens qui, comme ceux dont nous parlons, ont toutes leurs communications faciles au-dehors, et n'ont au-dedans que celles de transports longs et dispendieux. <27> Ces considérations nous semblent suffisantes pour faire apercevoir aux personnes sensées, qu'interdire la sortie des grains, d'une manière absolue et indefinie dans les départemens réunis, c'est ne point atteindre le but qu'on se propose, c'est appauvrir le cultivateur, ruiner le commerce dans ces contrées, produire une baisse factice du prix des grains, et obtenir une abondance momentanée et pénible, avec le danger de voir au bout de quelques années la disette réelle s'établir, ou l'on n'avait jamais connu que l'abondance.

Si les départemens réunis de la rive gauche du Rhin avaient de beaux et grands canaux, qui communiquassent avec l'intérieur, sans doute que l'exportation au-dehors serait sans motif, du moment qu'on aurait besoin de bled dans l'intérieur, mais aussi n'aurait-elle pas lieu. Et la défendre serait alors superflue.

Voyons maintenant si par la défense d'exporter, nous empêchons nos ennemis de s'approvisionner ; d'abord je ne dirai pas combien il est peu politique et peu sensé de se priver d'une commerce avantageux avec des voisins neutres, pour empêcher un ennemi éloigné d'acheter quelques denrées dont nous avons un superflu qui ne peut mieux d'être employé qu'à attirer l'argent de l'étranger chez nous.

Je remarquerai seulement que cette prohibition n'empêche point l'ennemi de s'approvisionner.

En effet, depuis la paix continentale, on ne peut plus compter parmi les ennemis de la France que l'Angleterre. Eh bien ! qu'est-il arrivé par rapport à cette dernière puissance? C'est que par la défense que nous avons faite de laisser passer les grains au-delà des frontières des départemens de la rive gauche du Rhin, nous avons forcé les anglais d'avoir recours aux marchés de Dantzik, de Memel, de Konisberg, et à verser en Pologne, en Prusse, en Russie, les fonds considérables qui auraient reflué chez nous pour nos grains entassés dans les greniers de la Roer, du Rhin et Moselle, du Mon-Tonnerre. Nous les <28> forçons à payer, il est vrai, un peu plus cher, mois enfin nous n'empêchons pas qu'ils ne trouvent les blés dont ils ont besoin, qu'ils ne débitent une grande quantité de leurs marchandises, et que nos denrées ne restent à vil prix sur les bords du Rhin, tandis que dons les états d'Allemagne elles s'y soutiennent a un bon prix, et enrichissent le fisc et le cultivateur.

Nous ne répondrons pas à cette crainte puér le que l'ennemi nous allumera en tirant nos grains; il ne peut tirer que l'excédent de la production sur la consommation. Et puis rien n'est si facile que d'interdire la sortie au moment où le septier de grain est parvenu à un prix déterminé, et fixé par l'ordre du Gouvernement; ainsi les Anglais eux-mêmes ont permis, et même encouragé l'exportation, tant que le grain reste au-dessous d'une valeur déterminée.

En administration les mesures générales sont souvent impuissantes; elles sont quelquefois très-dangereuses; il faut les proportionner, les modeler sur les lieux, les tems et les besoins des personnes et des contrées.

En résumé, on voit par ce que nous venons de dire, 1. qu'en général la défense *absolue* de l'exportation des grains, ne peut qu'en diminuer la reproduction, en rendant impossible la vente au-dehors du superflu qui reste après la consommation prélevée ; 2. que cette prohibition est d'autant plus fâcheuse et plus décourageante pour les départemens réunis, qu'il est reconnu que la consommation annuelle n'est qu'environ le tiers de la récolte, et que le défaut de communications à l'intérieur ne permet de se défaire des deux tiers superflus que par l'exportation au-dehors; 3. que cette prohibition n'empêche pas l'ennemi de s'approvisionner, puisqu'il le fait dans les autres marchés, et que s'il est forcé de payer par cette nécessité le grain un peu plus cher, d'un autre côté nous sommes privés des bénéfices certains de ce commerce. <29>

§ III. De gènes que les réglemens des douanes apportent au commerce, ...

... a la navigation du Rhin dans les départemens réunis de la rive gauche de ce fleuve.

Deux sortes de commerce concourent à la prospérité, à l'aisance des départemens réunis de la rive gauche du Rhin; 1. celui des productions du sol et de l'industrie du pays; 2. le commerce de *transit* qui se fait sur le Rhin.

Nous ne répéterons point ce que nous avons dit de l'importance et de l'étendue du premier. Nous ajouterons seulement que les relations commerciales qui existaient entre les pays de la rive gauche et de la rive droite du Rhin, résultaient moins des rapports des Gouvernemens, que de ceux des besoins respectifs.

Les pays de Juliers, de Clèves, de Cologne situés sur la rive gauche ont des blés, des mines; ils fournissent des denrées de première nécessité à ceux de la rive droite, qui donnent en échange des charbons de terre, de l'acier, des chanvres, des colons, des tabacs, du fil, des toiles, de la claincaillerié, de la mercerie.

L'intérieur de la France y fait passer des vins, des eaux-de-vie, des huiles d'olive, des objets de luxe, et ce commerce réciproque doit encore acquérir une nouvelle activité par l'acquisition des pays de la rive gauche, qui évite aux marchandises un trajet et des détours qui en augmentaient les frais de transport.

Nous reviendrons sur l'importance de ce commerce, sur les moyens de l'accroître et de le lier à celui de la France et du Rhin en général lorsque nous parlerons du commerce de ce fleuve et des communications à l'intérieur.

Celui de *transit*, quoique d'une importance inférieure, sous <30> quelques rapports, n'en est pas moins, par une longue possession et l'habitude des occupations qu'il donne et des bénéfices qu'il procure aux habitans de la rive gauche, un des objets qui méritent la plus sérieuse attention du Gouvernement. Comme il ne tient point essentiellement aux productions de territoire, ou à une industrie nationale, une imprudente opération fiscale, le mauvais régime des douanes peut le faire perdre pour toujours; et c'est le danger dont on est menacé dans ce moment.

Ce commerce de transit se compose uniquement des marchandises que les marchands étrangers font monter et descendre le fleuve, et auquel les négocians du pays où ces marchandises passent, ne prennent d'autre part que le soin d'en faciliter le passage, de soigner les expéditions d'un bateau à l'autre d'avancer le paiement des bateliers et des autres frais que nécessitent la navigation et la conservation des marchandises.

Les bénéfices de commission pour tous ces soins, quoique peu considérables pour chaque objet, forment néanmoins une masse de profits et une branche de revenus très-importans pour les habitans de la rive gauche.

Ce commerce donne de l'occupation a une population nombreuse par le chargeage, le déchargeage et la conduite des bateaux, par les diverses travaux relatifs à la navigation; il procure un emploi de fonds considérables par les diverses commissions, les changes et autres opérations qu'il fait naître.

Un commerce de la nature de celui-ci, qui n'est point astreint à telle ou telle rive du fleuve, doit naturellement se porter là où il trouve plus de liberté ou moins de gênes.

Le Rhin est comme une grande route où les bateaux qui transportent les marchandises, montent et descendent continuellement, et peuvent indistinctement s'arrêter sur l'un ou l'autre côté pour l'entrepôt, le chargeage et déchargeage, les réparations et les autres accidens et habitudes de la navigation.

Tant que la rive gauche a été libre et seulement assujettie <31> à des réglemens dé péage ou à une police ordinaire, le commerce s'est fait sur ses bords, et les habitans qui l'occupent en ont retiré tous les avantages et les bénéfices.

Mais, en l'an 6, le Directoire ayant transporté les douanes de l'ancienne frontière sur les bords du fleuve à la rive gauche, sans aucune des modifications, des changemens, des adoucissemens au régime fiscal qu'exigeait l'intérêt de notre commerce; il en a résulté des gênes, des entraves qui ont dégoûté, fatigué le commerce, qui, depuis ce moment, se dirige de plus en plus sur la rive droite.

D'un autre côté, les princes souverains de cette dernière rive se sont efforcés de profiter de nos fautes; ils attirent par des facilités les marchands de la rive gauche, et avec eux les travaux, l'emploi des fonds, les bénéfices et le crédit commercial, dont la rive opposée jouissait presqu'exclusivement.

Déjà Dusseldorf, qui, avant la mauvaise opération du Directoire de l'an 6, n'avait presqu'aucune part au commerce du Rhin, est parvenu à organiser, à nos dépens, une navigation réglée et directe avec la Hollande. Elle en prépare une qui va s'établir avec Francfort par le Mein.

Le commercé est routinier ; du moment qu'il a pris une direction, il est difficile de la lui faire abandonner, surtout lorsque ce sont les gènes fiscales qui la lui ont fait prendre.

Si l'on s'endort sur ce qui se passe, on verra incessamment Dusseldorf devenir le centre du commerce d'entrepôt et de commission de la Hollande, au détriment de la ville de Cologne, naguères si florissante par ce genre de commerce; on verra Mayence perdre celui qu'elle pourrait faire, à l'avantage de Francfort qui le deviendra de toute l'Allemagne.

On s'occupa sur la rive droite d'établir un chemin de hallage pour y faciliter la navigation; on va y mettre en bon état la route qui conduit directement de Dusseldorf à Francfort, <32> en sorte que le commerce négligé et gêné de notre côté, se portera en définitif tout à fait de l'autre.

Si à ces causes propres à attirer sur la rive droite le commerce du Rhin, se joint de notre côté le mauvais régime des douanes, il n'y a point d'espérance de le conserver, et Coblentz, Cologne, Mayence, perdront leur éclat, leur industrie et la prospérité qu'on y remarquait.

On né peut révoquer en doute que les douanes ne puissent être outre les moins du Gouvernement une source de revenus, et un moyen d'encourager l'industrie par les facilités qu'elles donnent de charger de droit, on d'empêcher d'entrer les produits de l'industrie étrangère; mais les lois et les réglemens donnés à leur égard, doivent cadrer avec les relations commerciales des états voisins, et surtout avec les limites où on les a établies.

Avec cette condition, les douanes peuvent devenir un bien pour l'État; mais si l'on perd de vue la situation des limites, et la nature da commerce, qui s'y fait, alors lés douanes de viennent un moyen de ruine entre les mains du fisc, puissance aveugle qui détruit souvent en un jour, par une mauvaise opération, le fruit d'un siècle d'industrie et de sagesse.

Telle est en grande partie, la position où se trouvent les départemens réunis de la rive gauche; le transport des douanes des anciennes limites du territoire sur les bords du fleuve, sans aucun des changemens qu'exige l'état des lieux, à sappé les fondemens du commerce et de la prospérité dans ces heureuses contrées.

On n'a pas voulu considérer, 1. que le fleuve du Rhin étant une grande route', si l'on gênait le commerce d'un côté, il se porterait de l'autre; 2. que le commerce de transit qui s'y fait n'étant point des productions du pays, mais des marchandises expédiées de loin, les obstacles, les lenteurs que l'on opposerait à sa marche, le chasseraient de l'autre côté, ce qui est <33> effectivement. On n'a pas réfléchi en troisième lien que les relations de commerce entre les deux rives étant établies depuis longtems par une réciprocité et presqu'en franchise de droits, on ruinait le commerce du pays en établissant des douanes et des barrières aussi sévères que colles des anciennes limites.

Ces réflexions étaient aisées à faire; mais l'esprit de précipitation, de prévention, l'habitude de substituer des affections passionnées aux lumières de la raison et à la connaissance des faits, ont entraîné le Directoire à une opération qui ruinerait tout-à-fait le commerce sur la rive gauche du Rhin, dans les nouveaux départemens réunis, si l'on n'y portait promptement remède.

En effet, autrefois et avant que les douanes ne fussent reculées aux bords du Rhin, la rive gauche de ce fleuve fourmillait de bateaux, un grand nombre d'ouvriers étaient continuellement occupés à charger et à décharger les marchandises venant de l'étranger, ou sortant pour y aller, et dans toutes les classes du peuple régnaient l'aisance et le travail qui en est la source.

Depuis ce moment, l'inaction, la gêne, la mendicité se font apercevoir d'une manière fâcheuse dans les villes et dans les campagnes de cette rive. Les fabriques d'Aix-la-Chapelle, de Crevelt, d'Odenkirchen, de Cologne, languissent également par suite du mauvais régime des douanes, et des droits excessifs que l'on a mis sur les matières premières, et les objets propres aux fabriques.

Il est donc démontré que l'intérêt du commerce des nouveaux départemens réunis, et par suite de toute la France, exige que le Gouvernement prenne dans la plus haute considération l'état actuel des douanes; qu'il y ordonne provisoirement les changemens convenables et propres à empêcher <34> que la navigation ne se porte sur la rive gauche, & diminuer les gênes, les droits et les formalités repoussantes.

Nous n'entrerons pas dans le développement des mesures qui peuvent être adoptées pour parvenir à ce but; c'est à la sagesse du Gouvernement à les concevoir et il les appliquer; il a du nous suffire de lui en montrer la nécessité, et nous sommes d'avance convaincus que rien de ce que nous avons dit à cet égard, ne sera perdu pour ceux en faveur de qui nous réclamons dans ce mémoire.

Nous nous bornerons seulement à dire que l'on pourrait provisoirement, et en attendant qu'on établisse un système général et modéré des douanes sur le Rhin, prendre les mesures suivantes:

1. Désigner plusieurs villes le long de la gauche du fleuve dans les départemens réunis, où les bateaux puissent librement aborder ;

2. Qu'à chacune de ces villes les barrières soient placées aux portes qui donnent sur le Rhin;
3. Que les bateaux qui passent sur le fleuve soit en montant, soit en descendant, soient exempts de toute visite de la part des douaniers;
4. Que les préposés des douanes ne puissent faire aucune perquisition avant que le batelier arrivé dans les ports des villes désignées, n'ait fait sa déclaration que ses marchandises sont destinées pour l'intérieur, ou commencé à décharger son bateau;
5. Que tout bateau abordant ailleurs que dans ces ports qu'on pourrait nommer *Ports libres*, reste soumis aux visites ordinaires prescrites par les réglemens des douanes ;

Enfin, qu'il soit fait un chemin le long du fleuve, depuis Coblentz jusqu'à Binghen, moyen propre à retenir les voyageurs, rouliers, bateliers sur la rive gauche, qui passent maintenant sur la droite. <35>

§ IV. De l'utilité des communications à établir entre les départemens réunis de la rive gauche du Rhin et l'intérieur de la France.

Le commerce des quatre nouveaux départemens, consiste principalement en objets d'un grand volume, et qui, par conséquent, entraînent des frais de transport qui haussent le prix de la marchandise, et nuisent à l'exportation lorsqu'ils doivent être expédiés au loin, autrement que par eau.

Cette remarque, nous l'avons déjà appliquée au commerce des grains, et nous avons observé à cet égard, que le défaut de moyens de communications faciles avec l'intérieur de la République, rendait, pour les départemens de la Roer et de Rhin-et-Moselle principalement, l'exportation au dehors jadis pensable, ces départemens ne pouvant, sans des frais excessifs, dans l'état actuel fournir à l'approvisionnement des provinces du Midi, les seules où le transport des grains est habituellement utile et avantageux.

La nécessité des communications à l'intérieur, est fondée sur la nouvelle situation des départemens. Le Rhin, qui était pour eux un moyen de communication et de transport des denrées territoriales de la rive gauche à la rive droite du fleuve, est aujourd'hui une barrière élevée entre des états vivans sous des lois et un régime differens.

En effet, les pays de Juliers, de Cologne, faisaient, avant la réunion passer des grains, des provisions de toute espèce sur la rive droite, avec liberté et sans augmentation sensible du prix de la denrée par les droits de *transit*, péages ou autres qui étaient établis sur les deux rives.

Ils en tiraient, en échangé, des matières premières propres aux fabriques, et beaucoup de numéraire pour la partie des <36> grains qui passaient en Hollande, ainsi que pour les bois et pierres à bâtir.

Cette réciprocité n'était gênée que pendant la guerre encore avait-elle lieu quelquefois par l'intérêt que chaque partie belligérante trouvait à la conserver.

Aujourd'hui que l'intérêt des quatre nouveaux départemens se trouve lié à celui de la France entière, que les besoins deviennent communs de part et d'autre, le premier pas à faire pour rendre les avantages égaux et les resources réciproques, est d'ouvrir aux pays du Bas-Rhin, des moyens dé communiquer avec l'intérieur, et de donner au commerce qui doit s'établir entr'eux, les facilités, sans lesquelles on verrait bien tôt la richesse et la prospérité des départemens du Rhin, disparaître d'une manière peut-être irréparable.

Ces facilités doivent en même tems tourner à l'avantage de notre commerce général avec l'Allemagne.

C'était un des plus lucratifs que nous fissions avant la guerre. La balance était toujours en notre faveur.

Nous y portions, en objets de luxe, en batiste, en linons en draps, en soiries, en camelots, en cuirs forts, huile d'olive, vins de Champagne, de Bourgogne, de Bordeaux, beaucoup plus que nous n'en tirions en tabac, en coton, en toiles, en acier, en charbon de terre, en clincaillerie, etc.

Aujourd'hui ce commerce doit encore être plus avantageux pour nous, 1. parce que les départemens du Rhin, qui formaient eux-mêmes une partie de l'Allemagne, se trouvent réunis à la France, et avec eux les bénéfices multipliés de la consommation et de toutes les spéculations de commerce qui s'y faisaient; 2. et principalement, parce que la plupart de ces objets venant de l'intérieur, avaient de grands détours à faire pour parvenir à leur destination en Hollande, dans la Westphalie et dans les villes de la Basse-Allemagne. <37> Les marchandises peuvent aujourd'hui aller plus directement à leur destination, traverser les départemens réunis, se rendre sur le Bas-Rhin, en Hollande et dans l'Allemagne.

Mais ces avantages n'auront jamais un effet bien sensible sur le commerce d'exportation et sur celui qui doit s'établir entre la rive gauche du Bas-Rhin et la France, si l'on ne facilite le transport des denrées par des canaux de communication entre les diverses rivières qui s'y 'rendent.

Les principales sont la Meuse, la Moselle, le Rhin; ce sont ces trois artères que la nature à destinées à porter la vie et l'abondance dans ces contrées, et à en exporter le superflu.

En jetant un coup-d'œil sur la carte, on voit tout de suite l'avantage que l'on en peut tirer pour la prospérité du commerce français et de celui des département réunis.

En effet, la réunion tant de fois demandée de l'Oise à la Sombre j établit les communications avec les départemens de la Roer, des Forêts, de l'Ourthe, et par conséquent le transport des denrées, des grains de ces contrées dans l'intérieur de la France.

La Meuse se rapproche du Rhin vers Venloo, et présente, dans cet endroit, un commencement de canal appelé *Fosse Eugenienne* de la plus grande utilité pour faire communiquer les deux fleuves en passant par Gueldre, et venant aboutir vers Rhimberg.

Les Espagnols, lorsqu'ils étaient souverains de ce pays commencèrent vers 1626, ce canal, à l'aide duquel les Pays-Bas devaient faire un commerce de productions territoriales avec la Basse-Allemagne.

Il présente une plus grande utilité encore aujourd'hui par les nouvelles limites de la France, et la contiguité de son superbe territoire.

Des personnes instruites dans celte matière, assurent <38> qu'avec moins de deux millions l'on pourrait reprendre l'ouvrage des Espagnols, et continuer le canal jusqu'au Rhin.

Cette entreprise utile pourrait, comme toutes celles de meme espèce s'effectuer en grande partie, par une société de capitalistes qui seraient autorisés à se rembourser de leur fonds, par un péage, ou de toute autre manière solide qu'il plairait au Gouvernement d'établir.

La communication de la Meuse au Rhin n'est pas la seule que la position des départemens réunis facilite à la France. Celle de l'Escaut [=Schelde] n'est pas moins avantageuse, à cause de la superbe ville d'Anvers, située sur ce dernier fleuve.

On conçoit véritablement que du moment que la navigation serait prolongée jusqu'au Rhin par la Meuse et la *Fosse Eugenienne*, ce port célèbre, autrefois l'entrepôt du commerce du nord de l'Europe, recouvrerait sinon tout, au moins une très-grande partie do son ancienne splendeur et de son commerce d'entrepôt.

Nous ne faisons qu'indiquer ces travaux importuns : l'objet de notre mémoire ne comporte pas de plus grands détails; il ne doit que donner l'aperçu des rapports qui lient la prospérité générale de la France à celle des départemens réunis, et dés facilités qu'offrent ceux-ci pour y parvenir.

C'est dans lès mêmes vues que nous regardons comme très désirable, non-seulement pour le commerce du nord, mais aussi pour celui du midi de la France, la jonction du Rhône au Rhin.

Ce projet plusieurs fois présenté, toujours jugé utile, a été arrêté par la Convention; les détails qui s'y rapportent ont été discutés et examinés avec soin dans son comité d'agriculture, commerce et arts, en l'an IV.

On y reconnut tous les avantages de cette grande entreprise, et sous le nom de *canal de l'est*, on la présenta comme la <39> troisième division du système général de la navigation intérieure do la République[6].

Un immense territoire, un territoire fertile même ne suffit pas à la prospérité d'un grand état. C'est le commerce, ce sont lès communications qui, faisant un échange continuel des produits de la terre et de l'industrie de chaque province entretiennent la richesse et l'abondance, en augmentant les exportations au-dehors, et la consommation au-dedans.

Plus que toute autre chose, les canaux contribuent à cette prospérité si désirée, si désirable; le travail qu'ils procurent par

---

[6] «Voyez le *rapport sur la navigation générale et intérieure de la République*, présenté à la Convention nationale, le 24 fructidor an IV, par J. B. Maragnon. – On peut consulter sur la même matière les ouvrages du baron de Marivets, intitulé : *Sisteme de navigation intérieure*; celui de M. de la Lande, de M. Fer de la Nouer, du général Andreosi, de M. Lallemand, imprimé en 1779, etc.»

leur construction, est déjà un grand bien. Les profits, les bénéfices, l'industrie, le commerce qu'ils fixent sur leurs bords, en sont durables, et de plus grands encore.

Le Gouvernement a donc tous les motifs qui peuvent l'y déterminer pour s'occuper des communications à établir, 1. entre le Rhin et la Meuse, par la Fosse Eugenienne; 2. entre le Rhin, la Meuse et l'intérieur de la France, par un canal qui réunirait la Sambre à l'Oise; 3. enfin, entre le Rhin et le Rhône, par l'exécution du canal de l'est, dont les avantages ont été sentis à plusieurs époques[7].

§ V. Aperçu de la navigation et du commerce du Rhin.

Tout le monde sait que le Rhin est un des plus grands fleuves de l'Europe; qu'il prend sa source en Suisse, et sépare de

---

[7] «Nous trouvons dans un de nos alliés, l'Empereur, une preuve de l'importance que toute l'Europe attache aujourd'hui aux communications, sans lesquelles il ne peut y avoir aucun commerce intérieur. Ce prince, a peine sorti d'une guerre pénible, s'occupe a en réparer les maux, par l'activité du commerce et la mise en valeur des productions multipliées de ses riches états; il s'occupe sérieusement de joindre la mer Adriatique au Danube, par le moyen de la Drave, et le premier de ces fleuves avec la Baltique, par lé moyen de la Vistule [=Weichsel]. Ces grands ouvrages sont dignes du monarque qui les entreprend ; ils nous rappellent ceux que Charlemagne projeta dans les mêmes intentions; ils conduisent opérer enfin la réunion du Danube au Rhin, projet qui, pour être reste sans exécution, n'en est pas moins utile et possible.
L'Empereur, par ces differens canaux, doit donner une valeur double aux productions abondantes et de première nécessité de la Hongrie ; il doit augmenter en proportion la culture, la richesse et le nombre de ses sujets dans l'étendue de ses états. L'Angleterre doit en partie aux communications qui lient les deux rives de l'ile, le bon marché des matières qui servent à ses fabriques, l'exploitation de ses mines, et la consommation intérieure, première base de la richesse et du commerce d'un grand peuple.»

Bâle jusqu'à près de Nimègue le territoire français de l'Allemagne; qu'au fort de Shenkeschanz en Hollande, il se divise en deux branches: la gauche s'appelle *Wahal*, la droite retient le nom de *Rhin*. Au-dessous du meme fort, il se partage encore en deux branches à Arnheim. L'une prend le nom d'Yssel, et tirant droit au nord, se jette dans le Zuiderzée: l'autre bras qui retient le nom de Rhin, continue sort cours droit à l'occident : enfin il se partage encore en deux branches une troisième fois dans la province d'Utrecht. Le bras gauche prend le nom de Leck, et va se joindre à la Meuse: l'autre retient le nom de Rhin, et se perd dans les sables au-dessous de Leyde; car depuis l'an 860, que l'Océan s'étant débordé, ruina l'embouchure du Rhin, ce fleuve ne porte plus son nom jusqu'à la mer. Il faut observer encore que le Wahal, qui est la branche gauche du Rhin, de la première <41> division; passe à Nimègue, puis se joignant à la Meuse, à l'orient dé l'île de Bommel, et s'en séparant ensuite, s'y unit une seconde fois à l'occident. Cette double union forme cette île. Le Wahal prend alors le nom de la Meuse, passe à Dordrecht, et va se jeter dans la mer d'Allemagne.

N.º 1 De la Navigation du Rhin.

La navigation du Rhin est assez difficile. Ce fleuve est très rapide et fort profond, et son fond est d'un gros gravier mêlé de cailloux. Il est fort bizarre dans ses débordemens; car, pour lors, il emporte des iles entières, en forme de nouvelles où il n'y en avait point; fait changer de figure aux anciens bords, déracine et emporte des arbres, et change même souvent son lit; les bateliers sont obligés d'apprendre tous les ans le chemin qu'ils doivent tenir. Ces inconvéniens nécessitent des travaux continuels de digues et chaussées pour contenir les bords de fleuve, et prévenir l'inondation, et ont donné lieu, comme nous le verrons plus bas, à l'établissement de droits de péage pour l'entretien de ces ouvrages.

Mais la navigation du Rhin a été, pour ainsi dire, et est

Figure 2: Bonn, rechts im Bild ein Lastschiff

encore en quelques endroits, plus embarrassée par les douanes et les gênes qu'apportent les riverains au passage des bateaux et à la navigation.

Pour mieux faire sentir en quoi consistent ces gênes, dont une grande partie est aujourd'hui supprimée, et quelle en a été l'origine, nous dirons quelque chose de l'ancienne police de ce fleuve.

Au milieu de l'anarchie de l'ancien Gouvernement germanique et des discussions perpétuelles qui en étaient les suites, les villes impériales ne perdaient aucune occasion de s'attribuer exclusivement toutes les branches de commerce et d'industrie qui étaient à leur bienséance, et celles qui étaient situées sur les grands fleuves, s'emparaient à elles seules de la navigation. <42> C'est ce que firent les Strasbourgeois sur le Rhin, pour toute la partie de ce fleuve qui baigne l'Alsace, Ils prétendirent en exclure les villes situées sur le Bas-Rhin, comme Cologne, Mayence, etc. et celles qui sont au-dessus de Strasbourg, telles que Brissac et Bâle.

Ils jouissaient cependant eux-mêmes du droit de naviguer sur le reste du fleuve, tant au-dessus qu'au-dessous, droit qui leur avait été accordé et confirmé par les empereurs Frédéric I, en 1190, Frédéric II en 1236, et Henri VII, en 1310.

Strasbourg avait une grande facilité pour exercer et soutenir ce privilège pair sa situation, relativement à la marche du commerce dans ces tems reculés. Le passage aux Indes, par le Cap, n'étant pas encore découvert, le commerce, de l'Asie avec l'Europe étant presque tout entier entre les mains des Vénitiens et des Génois, se faisait par l'Italie et du midi au nord de l'Allemagne. Alors Mayence, Cologne, et les pays intermédiaires, récevaient necessairement, par Strasbourg, une partie considérable de leur consommation. La navigation des bateliers Palatins, se trouvait par la bornée au Necker; celles des Mayençais au Mein, et les retours de Cologne étaient à-peu-près nuls.

Lorsqu'on eut doublé le cap de Bonne-Espérance, et que les Hollandais eurent fait de grands établissemens dans l'Inde, la direction du commerce de l'inde changea en Europe, et se fit par la Hollande du nord au midi, et en remontant le Rhin, les Hollandais augmentèrent bientôt la navigation de ce fleuve, en la rendant plus sûre et plus économique par les travaux qu'ils firent sur la partie du Rhin dont ils étaient les maitres. Cette révolution rendit bientôt les villes situées sur le Rhin, au-dessous de Strasbourg autant d'entrepôts de commerce, et de rivales de Strasbourg. Maxence reçut toutes les marchandises qu'on descendait en Hollande, et toutes celles qui étaient <43> expédiées des Pays-Bas pour la Franconie, la Souabe, l'Alsace et la Suisse ; Cologne profita aussi du changement ; et Strasbourg perdit, par là, le principal avantage que lui donnait sa situation entre l'Italie, les villes qu'arrosent le Rhin et les rivières qui affluent.

Les bateliers Hollandais et Colonais craignant de se nuire par leur concurrence, et voulant écarter celle des autres villes situées sur le Rhin, se réunirent, par des conventions et des réglemens qui leur attribuèrent le privilège exclusif de la navigation sur cette partie du fleuve.

Mayence ayant cessé d'être ville impériale en 1460, l'Électeur, qui en était devenu le maître, chercha l'augmentation de ses revenus dans l'établissement dé péages multiplies ; il y établit le *droit d'étape*, qui consistait à faire décharger les bateaux qui passent à Mayence, et à faire exposer les marchandises en vente, pendant trois marchés consécutifs. Pendant les guerres terminées par la paix de Westphalie, les droits, les privilèges, les possessions ne furent pas respectés: mais lorsque la paix fut rétablie, le commerce et la navigation prirent une alluré plus régulière, mais avec quelques changemens que les circonstances et les évènemens leur avaient fait éprouver durant lés guerres précédentes.

Les bateliers Mayençais s'étalent accoutumés à remonter le Rhin jusqu'à Franckendal, pour approvisionner les troupes espagnoles qui y étaient établies : l'Électeur voulut les maintenir dans cette possession; il admit les Colonais à Mayence, et ses sujets furent reçus à Cologne. Mais il borna les Strasbourgeois à Mayence et ils perdirent le droit de naviguer au-delà ; quoiqu'ils l'eussent exercé de tenus immémorial, et en vertu, de plusieurs privilèges des Empereurs. Des contestations à ce sujet, entré la ville de Strasbourg et l'Électeur, amenèrent, en 1681 une transaction qui attribue aux bateliers de Strasbourg, la navigation en descendant à Mayence privativement à tous <44> les autres; et la navigation en remontant, pendant les deux foires de Francfort, quinze jours ayant, et quinze jours après, c'est-à-dire, pendant les trois mois les plus favorables.

Les neuf autres mois furent accordés aux bateliers Mayençais, qui durent être reçus au port de Strasbourg, mais sans pouvoir prendre des marchandises en retour.

L'Électeur Palatin voulut partager les avantages que celui de Mayence s'était procurés; il essaya, sans succès, la voie de la négociation. Il se proposa même d'intercepter le commerce de Mayence, en établissant un entrepôt à Bacharach, et en pratiquant un chemin par le Hundsruck jusqu'en Alsace; mais cette entreprise était au-dessus de ses forces, et elle fut abandonnée après la guerre de 1730, dans laquelle l'Électeur de Mayence, attaché à l'Empereur, avait donné des sujets de mécontentement à la France; l'Électeur Palatin voulut en tirer avantage, pour obtenir, à Versailles, la résiliation de la transaction de 1681.

Cette tentative ayant été sans effet, il prétendit que les bateliers Mayençais devaient s'arrêter à Manheim, et y verser les marchandises dans des bateaux palatins; enfin, après une négociation souvent abandonnée et reprise, il obtint, par le traité de 1749, que les bateliers Palatins jouiraient de la moitié de la navigation qui était attribuée aux bateliers de Mayence.

La France accéda à ce traité en 1751, à condition qu'on accorderait de nouveaux avantages aux Strasbourgeois. Ceux-ci avaient trois mois; on leur donna de plus, un mois qu'on tira au sort; il leur échut le mois de janvier.

Le traité portait aussi qu'on n'admettrait à charger dans le port de Mayence, tout ce qui était destiné pour l'Alsace, la Suisse et le pays d'Amont, que les bateliers Strasbourgeois, Palatins et Mayençais, à qui la navigation du Rhin se trouvait par-là réservée exclusivement. Mais le commerce se joue des prohibitions, et le privilège exclusif reçut bientôt des atteintes des habitans de <45> la rive droite, a prendre depuis Strasbourg jusqu'au Palatinat et en particulier des sujets du Margrave de Bade.

Les intérêts et les évènemens de la guerre de 1738, utiles aux bateliers Palatins, ne fournirent aucune circonstance favorable à ceux de la rive droite. Mais dans la guerre de 1756, la tribu des bateliers Strasbourgeois étant employée constamment au service de nos armées, les négocions furent dans la nécessité de recourir aux bateliers du marquisat de Baden, et du comté d'Hanau; il a résulté de-là une possession contre laquelle les anciens possesseurs ont réclamé souvent, et fort inutilement depuis.

On vit aussi dans le courant des deux derniers siècles, s'élever des contestations entre les Bâlois et la ville de Strasbourg, sur la navigation du Rhin, et les droits respectifs dont chacun voulait jouir aux dépens des autres. Nous en donnerons une notice comme propre à faire connaître l'histoire du commerce de ce fleuve, et l'importance qu'on y a toujours attachée.

Dès le treizième siècle, ces contestations s'étant élevées entre les deux villes de Bâle et de Strasbourg, il se forma, en 1424, une assemblée des députés de plusieurs villes, pour juger la question qui fut décidée en faveur des Bâlois. Voici les termes de leur décret :

Les bateaux de Bâle pourront aller jusqu'au-delà de Strasbourg, sans distinction de tems ni de charge, et ne pourront au contraire, les bateaux de Strasbourg s'arrêter à Bâle ou au-dessus, pour y prendre des passagers, ou des marchandises, excepté dans les tems de pèlerinages de dévotion, qui se font deux fois l'année, à l'hermitage de la sainte Vierge ; alors ils pourront aborder à Bâle, à condition foute-fois qu'ils auront leur charge complette, pilote et rameurs, ce qui leur est aussi enjoint; lorsqu'ils aborderont chez nous. <46> On ne s'en tint pas à cette décision, les disputes recommencèrent, et furent quelquefois suspendues par des conventions momentanées, qu'on enfreignait bientôt, jusqu'à ce qu'enfreignait bientôt, jusqu'à ce qu'enfin, en l'année 1711, les députés de Strasbourg et de Bale terminèrent toutes leurs anciennes disputes par une loi générale, qui accorde aux Bâlois une espèce de droit exclusif de navigation sur la partie supérieure du Rhin.

Les Strasbourgeois promirent aux Bâlois, que lorsqu'ils descendraient sur le Rhin, ils trouveraient tout prêts les timoniers et rameurs dont ils pourraient avoir besoin; qu'ils seraient cependant les maîtres de s'en servir ou de ne pas s'en servir, à condition, toutefois, que dans l'un et l'autre cas, les Bâlois courraient les risques de la navigation; et enfin, par cette même convention, les Bâlois s'engagèrent à ne charger jamais aucune marchandise étrangère en remontant le Rhin, depuis Strasbourg et au-dessous.

Il y eut aussi vers le même tems une convention, passée entre les Stra[s]bourgeois et les habitans de Brissac, confirmée en 1720, qui limita beaucoup la navigation de ces derniers.

Nous ne faisons qu'indiquer ces débats diplomatiques et de commerce, parce que notre objet n'est point et ne peut point être, d'en faire l'application à l'état actuel des choses, changé heureusement sous plus d'un rapport; nous ajouterons seulement quelques faits sur l'ancienne police des péages de ce fleuve, afin que l'on juge par leur complication et les embarras qu'ils ont dû faire naître, de quelle importance il est d'établir un bon régime dans cette partie, dont nous nous entretiendrons en parlant de la commission à créer pour préparer la travail des douanes et de la navigation du Rhin.

Le droit d'établir de nouveaux péages et d'augmenter les anciens, a toujours été une des réserves dé l'Empereur; la crainte que le monarque n'en abusât, à fait insérer dans les <47> capitulations, qu'il ne pourrait accorder ces concessions qu'avec le consentement du cercle qui y serait intéressé. Mais pendant les troubles qui ne permettaient pas au chef de l'Empire la discussion de ces intérêts, les princes riverains établirent ou augmentèrent les péages; la plupart n'avaient aucune concession, mais leur possession parut inattaquable, par ce qu'ils avaient tous le même intérêt, et plusieurs de ces péages subsistent encore sur la rive droite.

Cependant les réclamations des négocians ont donné lieu plusieurs fois à des assemblées qu'on appelait *chapitres de péages* ; ils se tenaient à Cologne, et le plus souvent à Binghen.

Le chapitre tenu à Cologne, en 1725, fit le projet d'un tarif général; mais il était si exagéré et si disproportionné, qu'il n'a pas été rendu public, et que son exécution rigoureuse serait insupportable au commerce.

La multiplicité dès péages et la forme de leur perception nuisent au commerce, et par conséquent diminuent la navigation ; pour s'en convaincre, il suffira d'observer qu'à la fin dit dix-septième siècle, et pendant la guerre de la succession, le commerce respectif de Cologne et de la Hollande, employait cent vingt gros bâtimens; ce nombre a diminué insensiblement, au point qu'on n'en comptait plus que soixante-dix au commencement de la révolution.

Ces entraves engageaient souvent les négocians à chercher de nouvelles routes, soit par terré, soit par les différentes rivières qui se jettent dans le Rhin.

Ce fut ainsi que les Hollandais ouvrirent la Berkel jusqu'aux limites de l'évêché de Munster. Le prince et les Etats de Munster firent continuer les ouvrages jusqu'à Berckloo, voie tres-avantageuse au pays de Munster et à une grande partie de la Westphalie ; elle a même donné lieu à l'établissement d'un roulage jusqu'à Francfort, qui facilite le commerce de toutes les parties intermédiaires. <48> Ces notions, nous le répétons, ne sont placées ici que pour servir d'exemple des erreurs dans lesquelles le défaut de lumières ou l'avidité de quelques Etats, peuvent entraîner lorsqu'il agit d'administration de commerce; et comme cette matière sera sans doute prise en considération par les négociateurs du traité que nous devons faire avec l'Allemagne; nous avons cru que c'était une chose utile de tracer ici un aperçu de l'ancienne police fiscale, et des réglemens de la navigation du Rhin.

Nous croyons, par la même raison, devoir dire un mot de ce qu'on appelle le commerce du Rhin, proprement dit.

N.º 2 Du commerce du Rhin.

On appelle *commerce du Rhin*, celui qui se fait sur ce fleuve; et sur les fleuves et rivières qui s'y jettent. Ce commerce s'étend donc sur tout les pays situés entre le Rhin, la Moselle, le Mein, le Necker, la Lahe, la Lippe et la Meuse. Les Hollandais en étaient jusqu'à présent les principaux agens, et on prétend qu'il formait un objet annuel d'environ 100 millions de florins avant la guerre. Mais pour pouvoir l'apprécier plus en détail, il convient de le considérer sous les trois points de vue suivons; savoir, comme actif, passif, et comme commerce de fret, de transport ou transit.

Le commerce actif comprend toutes les marchandises envoyées dans la Hollande des pays de Juliers, de Berg et de Clèves, des territoires de Mayence, de Trêves, et de Cologne, des pays de Nassau, de la Franconie, de la Souabe, de l'Alsace et de la Suisse; ces marchandises consistent principalement en vin, vinaigre, fruits frais et séchés; blé, lentilles, millet, blé Sarrasin, chanvre, marchandises de Nuremberg; eaux minérales, bois de construction, meubles et autres espèces de bois. LE vin qui passe de Mayence dans la Hollande, montait par <49> an, a près de mille pièces, formait un objet d'environ 300,000 florins avant la guerre, et est encore considérable aujourd'hui. Les villes de Dortrecht et d'Amsterdam servent d'étapes pour les vins du Rhin.

Le commerce passif comprend les marchandises que les mêmes pays tirent de la Hollande ; elles consistent principalement en épicerie, drogues, marchandises des Indes, etc.

Le commerce de transport sur le Rhin et les rivières qui s'y jetent, est celui qui se fait de territoire en territoire, c'est-à-dire, que les bateliers d'un pays conduisent les marchandises jusqu'à un autre, et les déchargent ensuite dans les bateaux des bateliers de celui-ci; par ce moyen, chaque territoire participe au fret, et fait percevoir, en même tems, les droits d'entrée et de transit; telle est au moins la manière dont il se fesait sur la rive gauche avant la réunion, et qu'il se fait encore sur la rive droite où les anciens droits respectifs des Etats riverains sont en grande partie conservés.

On compte que le commerce du Rhin, tant actif que passif, emploie par an, près de 1300 bateaux, dont il y en a de trois différentes grandeurs sur le Haut-Rhin; savoir de 2,000 quintaux, de 1,500 et de 1,000; les bateaux qui partent de Cologne jusqu'au Bas-Rhin, sont deux à trois fois plus grands que les premiers. Un bateau, qui remonte le fleuve est tiré par dix à douze chevaux, suivant qu'il est chargé; en descendant les bateaux, n'ont besoin que des rames. Les villes de Cologne et de Mayence ont toujours été les principaux entrepôts pour le commerce du Rhin, et le redeviendront si le mauvais régime des douanes est remplacé par des réglemens plus convenables au commerce de cette partie de notre territoire.

On doit remarquer, à ce sujet, que dès avant la guerre les nombreuses douanes et le haut taux des droits avaient diminué considérablement ce commerce, et l'avaient, en quelque sorte, forcé à prendre une direction qu'il abandonnera aujourd'hui <50> que ces obstacles sont en partie levés, et que le régime fiscal peut faire place à un autre moins ennemi du commerce.

On remarque, en effet, que par suite de celle augmentation des droits, les marchandises s'étaient ouvert un chemin par terre, depuis Francfort et Mayence jusqu'en Alsace, en Lorraine, et même en Suisse. Les péages auxquels elles étaient assujetties étaient si nombreux, que depuis Amsterdam jusqu'à Cologne, elles avaient à en payer huit à dix; depuis Cologne jusqu'à Mayence, onze à douze; depuis Mayence jusqu'à Strasbourg, dix, etc.

Nous verrons dans le paragraphe suivant, les moyens que l'on peut employer pour percevoir les péages nécessaires à l'entretien des digues et chemins de hallage, sans avoir besoin de multiplier ainsi les stations et les gênes que cette ancienne forme entraînait.

§ VI. De la nécessité de former une commission de négociants intéressés au commerce du Rhin …

… qui préparerait les bases du tarif des douanes et des réglemens de la navigation de ce fleuve, ainsi que celles des stipulations commerciales à insérer au prochain traité de commerce entre la France et l'Allemagne, en conformité de celui de Lunéville.

Cette partie de notre travail est la plus importante par les résultats utiles et les grands avantages que son objet présente.

Et en effet, si quelque chose doit intéresser la France, aujourd'hui qu'elle possède le cours du Rhin, de Bâle jusqu'à près de Nimègue, c'est de donner une grande étendue d'activité à son commerce avec l'Allemagne, c'est de conserver, d'attirer à elle, et au profit des habitans de la rive gauche du Rhin les bénéfices <51> du transit et les avantages de l'entrepôt; c'est d'empêcher que le mauvais régime des douanes, les gênes et les vexations des agens du fisc n'éloignent le commerçant, le batelier; c'est de prévenir les concessions onéreuses ou l'oubli des stipulations utiles, dans le traité de commerce à intervenir entre la France et l'état Germanique; c'est d'avoir, en un mot, un bon système de commerce et déchange, avec cette riche et intéressante partie de l'Europe.

C'est encore d'empêcher que notre rivale jalouse {l'Angleterre} ne conserve à la faveur de quelque imprudence dans nos négociations, ou de quelques mauvais réglemens des douanes sur le Rhin, les avantages qu'elle a aujourd'hui pour le débit de ses marchandises dans l'intérieur de l'Allemagne.

C'est de rendre réciproques, sans blesser nos intérêts, les bienfaits du commerce entre nous et les Etats de l'empire; c'est, en un mot, de faite un bon, sage et durable traité de commerce.

Or, on ne parviendra que difficilement à ce but, si d'avance et avec mérité, l'on ne préparé lés bases de la partie commerciale du traité celles du tarif des douanes et dés réglemens de la navigation du Rhin.

Cette matière est compliquée; elle exige des connaissances positives, une discussion préparatoire; elle suppose que le négociateur est préparé à toutes les difficultés; qu'il a examiné les divers aspects sous lesquels se présentent les intérêt commerce du Rhin; que les gens intéressés, les hommes éclairés ont été consultés, et que d'avance il sait bien à quoi s'en tenir sur les concessions et les stipulations réciproques.

Quel qu'instruit que soit l'homme que toute l'Europe s'attend à voir chargé de cette importante négociation; quelques preuves d'habilité et de talens diplomatiques qu'il ait données à Lunéville, on ose croire néanmoins qu'il sera le premier à approuver une mesure qui ne peut qu'applanir des difficultés, et tourner à <52> l'avantage réciproque de l'Allemagne et de la France par la stabilité dès transactions réciproques.

Cette stabilité, le premier bien de toutes institutions politiques, ne peut résulter que de la solidité des bases et de la justesse des vues qui caractériseront le traité de commercé; l'une et l'autre ne peuvent se trouver que dans les lumières, fruit de l'expérience et de la pratique des choses.

Ainsi préposer une commission de négocians intéressés au commerce du Rhin, les consulter sur les causes de la prospérité de ce commerce, sur le matériel et la partie réglementaire qui le constituent; demander leur avis sur chacun des points qui peuvent tourner à notre avantage sans blesser l'intérêt territorial de nos voisins; recueillir le résultat dé leurs délibérations, des renseignemens qu'ils auront donnés, leur soumettre les projets de stipulations commerciales, pour connaître leur opinion, c'est, je crois chercher à s'entourer des lumières réelles, des fruits de l'expérience, prévenir les écarts de l'esprit d'abstraction, si fâcheux dans les affaires de commerce; c'est, en un mot, seconder le Gouvernement, et travailler avec solidité à une transaction dont dépend une grande partie du commerce français.

Nous ne répéterons pas ce que nous avons dit de l'intérêt que les départemens réunis ont plus particulièrement à ce que les stipulations et arrangemens de commerce avec l'Allemagne, s'accordent avec leur position et les limites actuelles de l'Empire; une faute, à cet égard, peut causer leur ruine ou du moins les tenir pour toujours dans un état de gêne et d'inaction, qui leur ferait regretter leur ancienne prospérité. Telle n'est point l'intention d'un Gouvernement paternel et sage, qui ne distingue point l'aîné d'avec le cadet, et près de qui tous les enfans de la famille ont les mêmes droits et tiennent la même place.

Mais afin de présenter avec ordre ce que nous croyons <53> indispensable d'offrir à la considération du Gouvernement et du public sur cette matière, nous le diviserons en deux parties.

1. Nous expliquerons comment nous concevons que pourrait être composée cette commission; 2. quels sont les objets qui devront principalement l'occuper.

N.º 1 Organisation de la Commission.

Nous commençons par déclarer ici que notre intention ne peut pas être et n'est point de prévenir les dispositions et les mesures que le Gouvernement prendra dans sa sagesse, pour parvenir au but que nous avons indiqué dans ce mémoire.

En proposant un projet de commission, telle que nous concevons qu'elle pourrait être organisée, nous n'avons en vue que d'établir, en quelque sorte, les premiers élémens dont elle pourrait être composée, et de présenter, sur sa forme, les vues et les vœux des personnes qui sont le plus prochainement intéressées et habituées aux affaires commerciales des départemens réunis et du Rhin.

On ne saurait douter que dans les matières de commerce, le premier devoir d'une administration paternelle est d'écouter, et peut-être de consulter les hommes qui par leurs lumières et la pratique de tous les jours, ont pu se former des idées nettes et positives des obstacles et des encouragemens qu'offrent les institutions les lois et les établissemens, aux progrès des arts et de la prospérité publique.

Ainsi l'Angleterre, qu'on est bien obligé de citer, lorsqu'il s'agît d'administration de commerce, l'Angleterre ne prend jamais une décision importante sur cette matière, ne se détermine sur les diminutions, augmentations de droits de douanes, qu'après avoir pris l'avis des personnes intéressées, et de ceux qu'une pratique habituelle a rendu habiles dans ces sortes de choses. <54> Lorsqu'il fut question chez elle de décider si la traite de commerce entre la France et l'Angleterre, stipule en 1786, recevrait la sanction nationale, on serait rejeté, le ministère s'entoura des lumières des habiles négocians cet armateurs; et tandis que le parti de l'opposition combattait ce traité comme désavantageux au commerce britannique, celui du gouvernement démontrait que la France étant un immense marché, l'Angleterre trouverait dans la grande consommation qui s'y ferait des objets d'exportation permis, un ample dédommagement des pertes que la diminution des droits et l'importation de quelques marchandises françaises, opéreraient nécessairement dans la Grande Bretagne.

Peut-être est ce pour ne pas avoir suivi cet exemple en France, qu'on a eu quelques reproches à faire à ce traité qui, d'ailleurs y offre dans plusieurs points des bases d'une réciprocité assez bien calculée et propre à stimuler par la concurrence, quelques branches d'industrie, sans nuire essentiellement aux fabriques nationales, comme quelques personnes l'ont trop généralement conclu de la négligence ou de l'infidélité qui a été apportée à la manière d'estimer les valeurs et de percevoir les droits aux entrées,

On se rappelle encore que, lorsque Colbert voulut donner un commerce, une marine marchande à l'État, il envoya des hommes éclairés dans les provinces qui prirent des chefs de manufactures, des armateurs distingués, des compagnies de marchands, les renseignemens et les connaissances positives qui pouvaient le guider dans ses grandes opérations au-dedans, et le mettre à fabri[?] des surprises des négociateurs dans les stipulations commerciales avec l'étranger.

En un mot, il est universellement connu, et l'exemple des hommes d'état les plus éclairés, le prouve, que le moyen le plus sur de contracter des engagemens politiques relatifs au commerce avec les puissances voisines, c'est de peser mûrement <55> et à l'avance, les conséquences des concessions réciproquement proposées de part et d'autre.

Or, il est évident qu'on tenterait vainement dans le cas actuel d'y parvenir, en s'isolant de ceux qui, par état, sont en possession de suivre le commerce du Rhin, et d'établir leur fortune sur les spéculations qu'il présente.

Il n'en est pas des réglemens de diplomatie commerciale comme de ceux de l'administration intérieure, il est toujours au pouvoir du gouvernement de changer ceux-ci, lorsque de nouvelles circonstances, des cas imprévus en prouvent la nécessité.

Mais les transactions politiques, avec une puissance voisine sont hors des pouvoirs de l'administration intérieure, et vainement crierait-on à la surprise, à la lésion; à moins de vouloir s'engager dans une nouvelle guerre, le traité lient et le commerce souffre par suite des ruineuses concessions arrêtées avec l'étranger.

C'est surtout dans la matière que nous traitons, que ces considérations trouvent leur application.

Le commerce du Rhin, ce qui a pu l'entraver, ce qui pourrait lui nuire encore, ses usages, ses obstacles, ses moyens d'encouragemens, ne sont point également connus de tout le monde, et l'opération imprudente du directoire, dont nous avons parlé plus haut, prouve assez que le défaut de lumières, ou la négligence à en obtenir, peut entraîner dans cette partie de la république de fâcheux résultats pour notre commerce.

C'est donc avec fondement que mes concitoyens des départemens réunis ont cru que leur zèle ne serait point inutile à la prospérité dé la république, si le gouvernement jugeait à propos do réunir ceux d'entr'eux qui sont intéressés à la navigation du

Rhin, et connaissent les détails de son commerce, pour en recueillir les renseignemens préparatoires, soit à la confection du tarif des douanes, soit aux réglemens de police du fleuve, <56> soit enfin aux stipulations à insérer dans notre traite de commerce avec l'Allemagne.

Et en effet, c'est auprès de ces hommes seuls que l'on peut prendre des connaissances de détail qui, dans les matières de commerce, sont de la plus haute importance; c'est de la comparaison des avis, des projets, des vues qu'ils pourraient communiquer, peut-être meme d'une certaine lenteur à traiter la chose, que doivent résulter des bases mûrement débattues et solidement établies de notre traité de commerce avec l'Allemagne.

L'ordre à mettre dans une semblable mesure se présente de lui-même.

C'est une chose entendue que des négocians ne peuvent que fournir des connaissances, répondre aux questions, indiquer les objets intéressons, les besoins du commerce, ses craintes, ses espérances, mais que ni le travail diplomatique, ni le travail politique, ni la correspondance de rapports avec le gouvernement, ne peuvent se réaliser qu'à l'aide d'un commissaire du gouvernement, chargé de convoquer, consulter, diriger la commission ou réunion des négocians et autres personnes qui, par leurs talens, leurs lumières, leurs connaissances dans la pratique du commerce du Rhin, appelleraient d'une manière plus particulière sur eux l'attention du Gouvernement.

Nous concevons donc, d'après ces aperçus, que l'on pourrait procéder ainsi à l'exécution de cette mesure indiquée par tout ce que nous venons de dire.

1. Il sera nommé un commissaire du gouvernement, chargé des opérations préparatoires et relatives au tarif des douanes et réglemens de la navigation du Rhin, ainsi qu'aux stipulations commerciales pour le futur traité de commerce entre la république et les états de l'empire.

2. Ledit commissaire convoquera ceux des négocians et autres <57> Personnes intéressées au commerça et à la navigation du Rhin, qu'il croira pouvoir éclairer le gouvernement sur chacun des objets indiqués dans l'article précédent.

3. Le commissaire du gouvernement sera chargé exclusivement de la correspondance avec les Ministres, en ce qui concerne les attributions de chacun d'eux, pour tout ce qui a trait à l'organisation et aux résultats de ladite commission de négocians intéressés au commerce et à la navigation du Rhin.

4. La commission ne pourra tenir de conférences que sur les objets soumis à elle pur le commissaire du gouvernement. – Chaque membre pourra néanmoins, comme particulier, faire imprimer ou communiquer du commissaire du gouvernement tels mémoire, notes ou observations convenables sous sa signature.

5. La commission se tiendra à Bonn, comme lieu le plus central des quatre départemens, et le plus commode pour le voyage des membres de la commission.

6. Le commissaire du gouvernement est autorisé à choisir et présentera la nomination du gouvernement les personnes qu'il jugera à propos de s'adjoindre pour l'exécution des mesures ci-dessus.

7. Le commissaire fera passer le résultat des conférences de la commission dé commerce du Rhin au gouvernement, à mesure qu'elle aura terminé son travail.

N.º 2 Des objets qui pourront occuper la commission.

Nous ferons sur cet article la même remarque que sur le précédent, c'est-à-dire qu'en indiquant les matières qui pourront être soumises à l'attention de la commission, nous n'entendons pas en déterminer le nombre et en fixer l'espèce ; sur <58> cela comme sur le reste, nous attendons plus de la sagesse du Gouvernement que de nos propres lumières.

Cependant l'on ne peut regarder comme une chose inutile de placer sous le meme point de vue, et pour ainsi dire dans le même cadre differens objets dont quelques-uns pourraient échapper au milieu de la multitude de ceux qui sont liés au même intérêt.

D'abord on doit poser en principe que la navigation du Rhin, le commerce de la France et de l'Allemagne, qui se fait par cette frontière, étant le point capital à régler, c'est-la que doivent tendre les discussions et les travaux de la commission.

Ce commerce est un objet du plus grand intérêt pour la France, par l'immense capital qu'il met en circulation, et les bénéfices auxquels il donne lieu.

En effet, si l'on s'en rapporte aux faits consignés dans l'ouvrage de M. Arnould sur *la balance du commerce*, au moment où la révolution à commencé nos exportations en Allemagne, en Pologne, dans les Etats prussiens, et ceux de la maison d'Autriche, en Allemagne et dans les Pays-Bas, montaient à une somme de 95 millions, que l'on peut diviser en cinq classés :

1. pour 39 millions 100 milles livres, de marchandises manufacturées, fabriquées et ouvragées, particulièrement en étoffes de soie et enrichies d'or et d'argent pour les états ou principautés de l'Allemagne et de la Pologne; en linons et étoffes de laine pour les possessions héréditaires de la maison d'Autriche, en Allemagne et en Flandre;

2. pour 12 millions 900 milles livres en matières brutes, dont les principaux objets laines et charbons, étaient de réexportation pour la Flandre autrichienne, et l'Allemagne;

3. pour plus de 10 millions en boissons, vins et eau-de-vie, pour la Flandre, l'Allemagne, la Pologne et la Prusse;

4. pour 22 millions de denrées d'Amérique, en sucre et en caffé destinés pour les états de la maison <59> d'Autriche, en Flandre et en Allemagne, et les ports appartenans au roi de Prusse, sur la Baltique ;

5. enfin, pour 11 millions de comestibles à la destination de la Flandre et de l'Allemagne.

A la même époque, les importations en France de ces mêmes pays et Etats, se montaient à une somme de 64 millions, savoir

1. pour environ 31 millions de marchandises manufacturées, fabriquées et ouvragées ; particulièrement en toiles et dentelles de Flandre, et en rubans de fil, clincaillerie et mercerie d'Allemagne;

2. pour 19 millions de matières brutes, et notamment en charbon du Hainault Autrichien; en lin, fil de chanvre, en laine, chanvre, cuivre, laiton, potasse d'Allemagne, de Pologne, de Prusse;

3. pour 18 millions 700 mille livres en comestibles, principalement en bestiaux de Flandre et d'Allemagne.

Il résulte de ce tableau, qu'à cette époque le commerce que la France faisait dans ces contrées, était très-avantageux pour nous, comme le remarque le judicieux auteur de l'ouvrage que nous avons cité; car, non-seulement nous échangions beaucoup de marchandises de l'industrie française contre une masse de métaux et de matières brutes, destinés à devenir de nouveaux élémens de travail: mais nous obtenions encore une balance considérable en notre faveur.

On peut remarquer qu'aujourd'hui que la Belgique et les pays de la rive gauche du Rhin nous sont acquis, les avantages de notre part sont encore plus considérables, parce qu'avant que ces Etats fissent partie de la France, nous en tirions, surtout dés Pays-Bas Autrichiens, pour plus de 25 millions, en denrées, bestiaux, toiles, dentelles, et que nous n'y faisions pas une exportation effective de plus de 20 millions.

A ne considérer donc nos relations commerciales avec l'Allemagne et les pays qui s'approvisionnent par elle, que sous le rapport de la vente et de l'achat, on voit qu'il est du plus <60> grand intérêt; si l'on y joint les bénéfices du transit, de l'entrepôt et de la navigation du Rhin, aujourd'hui que nous sommes maîtres de toute la rive gauche de ce fleuve, on verra, de quelle conséquence doit être dans la balance des forces et de la richesse nationale, le commerce que nous faisons dans ccs contrées.

Il est conséquemment de la plus grande importance d'en prévenir la perte où la diminution par des mesures sages et prudemment combinées.

C'est à quoi la commission du Rhin pourra plus sûrement parvenir, si d'abord elle fixe les idées d'une maniéré claire, et établit les principaux points d'un bon système de commerce de la France avec l'Empire germanique.

Nous tâcherons d'indiquer ceux que nous croyons les plus indispensables, et dont la discussion doit précéder tout arrangement définitif.

1. Nous regardons, avec toutes les personnes qui ont réfléchi sur cette matière, la fixation des limites entre les deux Empires, par le *Thalweg*[8] ou courant du Rhin, comme un moyen équivoque, insuffisant et variable.

Celle réflexion avait déjà été faite, et l'on peut voir soit par les notes des plénipotentiaires français au congrès de Rastadt, soit par celles des députations impériales, avec combien de difficulté et d'incertitude on est convenu de prendre pour' limite et séparation des possessions respectives des deux parties du fleuve, cette étroite et changeante portion de son lit appelée *Thalweg*.

---

[8] Gemeint ist die Mitte der Fahrrinne.

La commission pourrait donc avoir à examiner si l'intérêt du commerce n'exigerait pas que l'on rendît l'usage du lit entier du Rhin commun aux Etats de la rive droite et de la rive gauche, en sorte que la navigation fût libre aux uns et aux autres, dans toute la largeur du fleuve, dont les bords respectifs de part et d'autre, indiqueraient en même tems les bornes des Etats riverains. <61> Par-là l'on feroit cesser nombre de difficultés dans l'exercice de la police, et dans l'exécution des réglemens de la navigation du Rhin, pour ne pas parler de celles que l'on éviterait sous le rapport politique et de droit de souveraineté[9].

2. Les douanes pourront encore attirer l'attention du commissaire du Gouvernement et celle des membres de la

---

[9] «Un évènement qui vient d'arriver sur le Rhin, preuve bien l'incertitude du *thaleweg* comme limite, et fait sentir le besoin et même l'urgence de régler par un traité de commerce la police et la navigation de ce fleuve. Depuis quelque mois les négocians de la rive droite du Rhin, font un commerce assez, considérable des grains avec la Hollande. Il n'y a pas de doute que la plus grande partie de ce grain passe de la rive gauche, par fraude, sur la rive droite ; mais une fois passé le thaleweg, c'est-à-dire, le courant du fleuve, ils sont, d'après le traité de Lunéville, sur le territoire de l'Allemagne, et par conséquent hors de l'inspection des douanes; nonobstant cela, le commissaire général du Gouvernement a cru devoir faire arrêter tous les bateaux sur la rive droite, chargés de grains, et une partie en vient même d'être déclaré de bonne prise, au profit des douanes; les régences de la rive droite ont protesté contré cet acte, et l'on crié en Allemagne à la lézion du traité de paix et du droit dés gens. Le citoyen Jolivet, connu pour un homme juste et prudent, a sûrement eu des raisons plausible pour ordonner de pareilles mesures; mais toutes les raisons possibles n'empêcheront pas nos ennemis dé jeter du louche sur notre fidélité & exécuter les clause du traité de paix. Au reste, il est impossible dé ne pas lézer a chaque instant le droit voisin, si on continue à faire inspecter la navigation du Rhin par des douaniers, et a prendre le thaleweg pour limite entre les deux puissances. Un seul moyen peut remédier à tous ces inconvéniens, c'est d'accorder des deux côtés la liberté la plus absolue aux bateaux qui montent ou qui descendent le fleuve, et de reculer l'inspection de douanes aux portes de villes; jamais les bords des bateaux ne doivent être atteints de l'inspection des douanes; un respect soutenu doit le accompagner le long de leur voyage.»

commission du Rhin. Cette matière est d'un grand intérêt, et exige une extrême attention dans les résolutions et les divisions qui s'y rapportent. C'est d'elles que dépend la facilité ou la ruine du commerce extérieur. <62> Le régime auquel on doit les soumettre, doit être local et calqué sur la nature et les besoins du pays et des habitans. Telle sévérité de prohibition, telle forme de perception, tel tarif des droits qui peut convenir à l'état de l'industrie, à la nature, et L'espèce de commerce d'un pays, peut les ruiner ou les rendre languissait dans un autre.

Les douanes ne sont point un mal en elles-mêmes; elles peuvent être entre les mains du Gouvernement, une sorte de régulateur du commerce extérieur, et en même tems une mesure propre à en faire connaître l'activité ou la diminution; le mal qu'elles produisent si souvent, ne peut résulter que de leur organisation et de leur placement.

On aura donc un grand motif d'examiner jusqu'à quel point on peut charger de droits telles matières premières que nous tirons de l'étranger, ou défendre l'entrée de tel objet d'industrie qu'il nous offre à meilleur marché que nous, et de meilleure qualité, car sans cela la prohibition serait inutile.

Il sera bon d'analyser jusqu'à quel point dans le commerce de l'Allemagne on doit respecter la réciprocité des ventes et des achats, et ne pas forcer, par un régime trop prohibitif, les Etats voisins à repousser aussi nos modes, nos objets de luxe et de fabrique, si nous rejettions d'une manière absolue, leurs marchandises, et le produit de leur industrie.

On n'oubliera pas sans doute, de faire entrer dans la balance des considérations propres à adoucir le régime prohibitif, que la concurrence de certains objets de fabrique étrangère sagement combinée avec une juste imposition à l'entrée, est une puissante cause d'émulation parmi les fabricans pour faire mieux, et à meilleur marché.

D'ailleurs l'expérience à prouvé qu'une prohibition absolue, ou un droit équivalent, donne lieu à une contrebande fâcheuse et très-difficile, pour ne pas dire impossible à prévenir. Sur cela le véritable homme d'État doit bien plus consulter le <63> commun que les hommes, les moyens possibles de répression que les projets violens de quelques esprits, qui, pour vouloir tout soumettre à une loi de rigueur, arme secrètement ou publiquement, une partie de la société contre l'autre.

Il est prouvé que la prohibition absolue des marchandises anglaises n'en à point empêché l'introduction par le Rhin, et qu'il s'est établi des maisons d'assurance sur l'une et l'autre rive, qui moyennant dix, quinze, vingt, pour cent, introduisent du basins, des cotonnade, de la bonneterie, qui, à raison de son bon marché et de la perfection du travail, trouvent un débit assuré.

Qu'il soit permis de le dire ici, chaque nation doit diriger les efforts de son génie vers les objets auxquels la nature de sa position, de son territoire et de ses habitudes le porte: et c'est bien plus par des primes, des encouragemens pécuniaires et positifs, que par une prohibition absolue, que le commerce et l'industrie se développent dans l'intérieur d'un état riche et puissant.

L'emplacement des bureaux de douanes n'est pas sans une grande importance pour le repos et la sécurité du commerce.

La multiplication des lieux de visite, l'embarras des comptes à rendre, les formalités, quelquefois inutiles, que l'on exige, produisent des lenteurs, des contrariétés qui éloignent le commerce, et le forcent & se retirer là où ces gênes sont moins pesantes.

La commission pourra faire l'application de ces considérations au commerce du Rhin; car, comme nous l'avons vu et expliqué avec quelques détails, c'est pour avoir multiplié de semblables gênes, pour avoir embarrassé le commerce de la rive gauche de trop de formalités et d'entraves, qu'insensiblement il se porte sur la droite où il en trouve beaucoup moins.

3. Après l'établissement d'un régime sagement tempéré de droits et de réglemens de douanes, un des plus grands encouragemens à donner au commerce de l'Allemagne par le Rhin, est celui d'entrepôts formés dans plusieurs villes de la rive gauche. <64> On conçoit que ces entrepôts pourraient être ce que sont les grands entrepôts de la compagnie des Indes à Londres, à Amsterdam, où toute marchandise non-prohibée est reçue en exemption de droits, sens qu'un terme fatal paisse en nécessiter la sortie.

Les droits ne seraient perçus que lors de leur introduction en France, et le modique droit d'entrepôt serait le seul que supporterait la marchandise dans le cas de réexportation.

On conçoit aussi que les villes de Cologne, Coblentz, Mayence seraient les villes principalement propres à ce genre d'établissement si utile et si désiré par le commerce.

Mais, pour que l'entrepôt pût être formé à Mayence, il faudroit nécessairement que cette ville cessât d'être forteresse et ville de guerre; qu'elle devînt simplement place de commerce: arrêtons-nous un moment sur cette question.

Si Mayence restait place de guerre, le commerce d'entrepôt, les spéculations qu'il fait naître, les profits qui en résultent seraient perdus pour les Mayençais; il ne leur resterait que l'industrie locale et le commerce de consommation.

Francfort, situé sur le Mein, deviendrait le centre des affaires des Etats environnans; il attirerait à lui tous les bénéfices du commerce d'entrepôt, de commission, de transit entre la Hollande, les départemens de la rive gauche du Rhin, la Belgique et l'Allemagne.

Les grosses maisons de commerce ne pouvant pas tenir leurs magasins dans une forteresse soumise en tout tems aux lois d'une police militaire, seraient forcées de les transporter à Francfort, ou de placer leurs fonds dans des entreprises bien moins sûres, bien moins avantageuses.

La belle situation de Mayence, au confluent dés deux grandes rivières navigables, serait perdue pour la France, et pour la prospérité des départemens du Rhin. <65> Les bateaux qui montent et descendent perpétuellement le fleuve pour approvisionner l'Allemagne des denrées coloniales et des marchandises provenant de la Hollande et de la France, iraient désormais aboutir à Francfort où se trouverait en même tems le dépôt des marchandises et denrées d'une partie de la Westphalie, de la Franconie, et des riches états qui s'y trouvent enclavés.

Il est inutile de s'appesantir sur les pertes qui résulteraient pour la France en général, mais surtout pour Mayence et les départemens du Bas-Rhin de cet ordre de choses qu'il serait possible de prévenir en déclarant que cette ville cesse d'être forteresse et place de guerre, et qu'elle est rendue au commerce.

Y aurait-il de l'inconvénient à cette décision ? ou en d'autres termes, est-il nécessaire à la sûreté de la frontière, de ce côté, que Mayence reste place de guerre ?

Si l'on s'en rapporte aux personnes éclairées sur cette matière, les changemens survenus dans les limites de la France sur le Rhin, rendent désormais inutile à sa défense la forteresse de Mayence.

1. Parce que nous sommes maîtres des places et du pays en deçà de la rive gauche;
2. parce que Mayence est dominé par plusieurs points environnons, et que sa défense est très difficile, à moins que les forts qui gardent ces hauteurs, ne soient pourvus de fortes garnisons, ainsi que Mayence lui même;
3. parce que Cassel [=Mainz-Castel], de l'autre côté du Rhin, peut bombarder Mayence, et par-là rend inutile sa position;

parce qu'il est trop près du fleuve comme place de guerre, et que pour servir comme tel, il devrait être à la portée du canon du bord du fleuve, seul point où il soit bon et utile d'établir des défenses, lorsque la même puissance n'est pas maîtresse des deux rives, etc. <66> Telles sont les considérations qui, sous les rapports militaires et de commerce, semblent indiquer qu'il y aurait un grand bien et point de danger d'ériger Mayence en ville de commerce, & l'y attirer par un régime de douanes sagement et modérément combiné, et à prévenir ainsi la désertion profits considérables du transit et de l'entrepôt qui se portent sur la rive droite, et particulièrement à Francfort.

Tel est un dés objets sur lesquels la commission pourra être consultée utilement par le commissaire du Gouvernement, et donner un avis motivé sur les plus importantes considérations.

4. En étant au commerce du Rhin les gènes qu'une mauvaise administration lui à imposées, en débarrassant la navigation de ce fleuve et nos communications avec l'Allemagne d'entraves sans nombre qui tournent au profit de la contrebande et au détriment des véritables commerçons; on comprend aisément qu'il ne s'agit point de supprimer d'une manière absolue les rétributions et droits connus sous le nom de péages.

Ces droits peut-être trop multipliés sans être trop forts, mal régis, quoiqu'utiles, sont destinés à fournir aux frais de travaux importans et sans lesquels la navigation du Rhin resterait impraticable en plusieurs endroits, les rivages inondés et le cours du fleuve dérangé de son lit; en un mot, les droits de péages du Rhin sont destinés à l'entretien des quais, digues, épis, chemins de hallage, etc. sur le Rhin.

Il ne parait pas juste qu'un seul état paye, de son trésor, lés frais très-considérables qu'exigent ces differens travaux, lorsqu'ils tournent au profit de tous les peuples navigant sur le fleuve[10]. <67> Il paraît donc raisonnable que les péages, comme destinés à cet entretien, soient conservés, et ce sera sûrement un des objets dont on aura, ainsi que de tous ceux dont nous venons de parler, à s'occuper dans les travaux de la commission, pour préparer les bases des stipulations à régler définitivement dans notre traité de commerce avec l'Allemagne.

Mais l'on s'apercevra aisément que s'il est utile de conserver les droits de péages, il faut diminuer le nombre des lieux où l'on est obligé de les payer; car, ce n'est pas la meme chose pour la navigation, de payer en une seule fois une somme déterminée, ou de s'arrêter & quatre ou cinq endroits pour s'en acquitter.

Outre les considérations particulières qui doivent engager à faciliter, par tous les moyens possibles, la navigation du Rhin et le commerce d'Allemagne qui se fait principalement par ce fleuve, il est de notre intérêt d'aller au-devant des dispositions de la plupart des Princes et Etats d'Empire, justement mécontents des Anglais.

On sait que ces industrieux et habiles insulaires font en Allemagne, en Pologne, en Prusse et dans les états autrichiens et d'Empire, un des plus riches et des plus utiles commerces de leurs fabriques et marchandises de toute espèce.

On estime qu'il s'élève, année moyenne aujourd'hui, à plus de <68> 3 millions sterlings, en seuls objets d'industrie, sans

---

[10] «Malgré la quantité de droits qui se percevaient du tems des princes le long du Rhin, comme on a pu le voir plus haut, la livre pesant transportée depuis Amsterdam jusqu'à Mayence, ne coûtait aux marchands que trois liards. L'arrêté du directoire de l'an VI, qui réduit ces droits pour la rivé gauche à un tiers, a détruit un revenu sage et utile, et n'a fait de bien qu'aux régences de la rive droite; l'arrêté du ministre des finances qui donne la surveillance de cette perception à l'administration des douanes, a fait un tort réel a la navigation; la seule aversion pour une visite des douaniers, à cause des tracasseries qui en naissent habituellement et des lenteurs qui en résultent, fait fuir le commerce sur la rive droite.»

compter la vente des denrées coloniales, plus considérable encore.

Or, tandis que l'Angleterre trouve ainsi un débouché facile aux produits de son industrie, elle prohibe sévèrement ou n'admet que chargés de très-gros droits ceux des étais de l'Allemagne.

Cette partialité, cet isolement d'intérêt peut tourner à l'avantage de l'industrie et du commerce français.

Soyons moins difficiles, ou moins avides que l'Anglais, facilitons le commerce réciproque des États d'Empire avec la France, par des stipulations sages, des concessions balancées, un régime de douanes bien entendu, et nous verrons une grande partie du commerce d'Angleterre remplacée par celui de la France, moyen puissant et solide d'encouragement pour nos manufacturiers, qui plus riches en capitaux, du moment qu'ils auront plus de débit, pourront faire de plus longs crédits, donner à meilleur marché, faire aussi bien que nos rivaux, et par-là ne plus craindre ni concurrence ni contrebande.

Tel sera au moins un des objets sur lesquels la commission pourra puissamment aider, par des renseignemens et des vues le Gouvernement dans la résolution qu'il montre de favoriser notre commerce, et d'affranchir l'Allemagne de la sujestion ou la tient l'industrie ambitieuse de la Grande Bretagne.

En résumant donc, on voit:

1. Que l'État du commerce de l'Allemagne et de la navigation du Rhin demande que l'on s'occupe, d'une manière spéciale et directe, de ces deux objets:

2. Que le traité de commerce à intervenir entre l'Allemagne et la France semble en faire un devoir plus indispensable encore : <69>

3. Qu'aucune mesure préalable ne peut seconder plus efficacement les vues du Gouvernement à cet égard, que la formation d'une commission composée de

négocians intéressés au commerce du Rhin, et dirigée par un commissaire chargé dé recueillir le résultat des conférences et du travail de la commission, pour servir de direction et de bases aux stipulations de commerce entre la France et l'Allemagne;

4. Que cette commission facilitera, au négociateur estimable et aimé que l'Europe désigne, des moyens sûrs d'éviter des concessions nuisibles, ou l'oubli de stipulations utiles à notre commerce;

5. Que les objets sur lesquels il sera principalement utile que roulent les conférences et le travail de la commission, sont principalement les inconvéniens du choix dit Thalweg pour ligne de démarcation de la navigation du Rhin.

La nécessité, l'utilité de rendre la liberté entière du lit dit' fleuve au commerce des Etats riverains.

La révision du tarif des douanes et des réglemens de la navigation du Rhin, et la suppression des gênes et des entraves qui forcent le commerce à se porter sur la rive droite.

La modification et l'organisation des droits de péage, et de transit, et la diminution du nombre des lieux ou ils se perçoivent.

L'établissement d'entrepôts libres de commerce sur le Rhin et la désignation des villes et des établissemens propres à l'y faire fleurir, et à donner une direction naturelle et spontanée au commerce vers ces lieux destinés à son usage.

Enfin la commission examinant chacun des objets sur lesquels le traité de commerce pourra avoir à stipuler relativement aux droits, prohibitions, relations commerciales entre Allemagne et la France, aura à donner au commissaire les <70> renseignemens qu'il croira utile de demander, pour parvenir au but que le Gouvernement se propose aujourd'hui, tant par rapport au commerce en général qu'au bonheur et à la prospérité des nouveaux départemens de la rive gauche du Rhin.

FIN.

Nachwort

Im Frieden von Luneville 1801 hatte die französiche Republik das linke Rheinufer annektiert. Deswegen mussten sich die dortigen Bewohner in der Folge neu orientieren – nicht nur hinsichtlich der Sprache, sondern auch hinsichtlich politischer und juristischer Grundsätze. Der Rhein war jetzt von Basel bis Nimwegen Aussengrenze Frankreichs, das linke Ufer stand jetzt – nach Jahrhunderten feudaler Kleinstaaterei – durchgehend unter einheitlicher Verwaltung.

Auch in ökonomischer Hinsicht mussten sich die Rheinländer und die Franzosen umstellen : Frankreich war jetzt Binnenmarkt, das rechte Rheinufer Ausland ; die Jahrhunderte alten Handelsbeziehungen wurden durcheinander gewirbelt.

Dem trägt Eichhoff mit seiner Denkschrift Rechnung : Er fordert die Pariser Zentralregierung auf, eine Kommission einzurichten, die den Güter- und Personenverkehr auf dem Rhein inklusive Zollbestimmungen in Abstimmung mit den Nachbarn regeln soll «qu'au bonheur et à la prospérité des nouveaux départemens de la rive gauche du Rhin» – zum Glück und zum Wohlergehen der neuen Departements des linken Rheinufers.

Im Jahr 1811 stieg er zum Generaldirektor der Rheinschifffahrtsoktroi auf. Als Sachverständiger für die Rheinschifffahrt wurde Eichhoff 1814 zum Wiener Kongress hinzugezogen. Ohne Erfolg setzte er sich für eine einheitliche Regelung und freie Schifffahrt ein.